LA GUIDA COMPLETA AGLI INVESTIMENTI IN ETF

INDICE

Debutto
La borsa valori
Panoramica delle classi di attività
Fondi di investimento e ETF
Pianificare il proprio accumulo di ricchezza attraverso gli ETF
Il deposito
Il tema del risparmio
Psicologia e mercato azionario
Nozioni di base che non bisogna ignorare
Il futuro dell'industria finanziaria
Conclusione: costruisci la tua ricchezza con gli ETF!

Debutto

Il mondo intero sta trattenendo il respiro a causa della pandemia di Coronavirus. L'umanità si trova improvvisamente di fronte a una delle più grandi sfide globali senza preavviso. All'inizio del 2020, emerge una malattia mondiale e facilmente trasmissibile - Covid 19. Poiché la malattia polmonare non è mai esistita in questa forma prima, anche gli esperti, virologi, medici e co. non hanno un antidoto per la malattia.

Questo si sta diffondendo sempre di più e ha provocato alcune morti. Mentre alcuni paesi, come l'Italia, l'Inghilterra, la Francia o anche i Paesi Bassi, stanno già affrontando l'apertura generale e la fine completa dell'isolamento nel primo trimestre del 2021, paesi come l'India devono affrontare la diffusione incontrollata della malattia pericolosa per la vita. Il fatto è che la malattia Covid 19 e le sue mutazioni non possono più essere fermate. L'obiettivo deve essere quello di poterle controllare e questo può essere raggiunto con i vaccini e la restrizione dei diritti umani di base attraverso il coprifuoco, l'isolamento, ecc.

In tutta Europa, specialmente in Italia, le drastiche conseguenze della pandemia in termini di economia non furono prese sul serio all'inizio. Nel frattempo, a causa della mancanza di sostegno finanziario da parte dello Stato e soprattutto del blocco generale, alcune imprese hanno raggiunto il loro punto di rottura. Soprattutto il futuro delle piccole imprese, delle pensioni e dei singoli negozi è incerto e le persone coinvolte stanno affrontando enormi sfide finanziarie. In generale, le persone nella società sono rese consapevoli di quanto massicciamente possa cambiare la propria situazione di vita, anche attraverso influenze esterne, senza esserne responsabili in prima persona.

Si dovrebbe e si deve provvedere a questo e onestamente, chi non beneficerebbe di un cuscino finanziario per essere meglio preparato al peggio? Il bisogno di questo senso di sicurezza sta crescendo ed è giustificato dal fatto che alcune persone sono state rese consapevoli di come la loro stessa esistenza possa cambiare a causa della pandemia, degli eventi politici e delle decisioni. A causa della crisi globale, l'aspirazione è aumentata notevolmente tra una gran parte della popolazione europea e siamo onesti, a chi non piacerebbe avere un po' più dal proprio patrimonio?

Ora ti stai ponendo, giustamente, la domanda - come dovrebbe funzionare? Infatti, a scuola non ci vengono insegnate le competenze finanziarie di base e generalmente, non ci vengono insegnate le competenze che ci preparano in termini di finanze e di accumulo di ricchezza a lungo termine. Questo è ciò su cui ci concentriamo in questo libro. L'obiettivo è quello di permetterti di iniziare a costruire la tua ricchezza, anche con piccole somme di risparmio e un reddito basso, ottenendo un cuscinetto finanziario a lungo termine.

Per questo, è di grande importanza che tu impari le basi dei processi del mondo finanziario e quindi, trovi utile l'accesso al trading in borsa. Imparerai molto sulla borsa e sul principio del denaro e la sua funzione.

Inoltre, sarai confrontato con l'esame del tuo ruolo in questo sistema e incoraggiato a cambiare eventualmente questo comportamento. Tuttavia, questo libro non si rivolge esclusivamente ai principianti, ma è certamente di grande utilità anche per chi è attivo sul mercato azionario da molto tempo. Perché una regola di base, per quanto riguarda la conoscenza delle finanze, è che non si smette mai di imparare e in generale si impara costantemente in borsa. Per sostenere quelli di voi che non hanno ancora alcuna conoscenza nel campo della finanza, i termini del mercato azionario sono sempre spiegati direttamente alla fine. Inoltre, troverai una specie di dizionario alla fine del libro, in cui questi termini sono elencati in forma sintetica. Questo ti eviterà di rimanere bloccato su termini individuali nella vita quotidiana. Inoltre, puoi aggiungere a questa lista come vuoi, perché come hai già imparato, il mercato azionario è in costante cambiamento e devi cambiare con esso, istruendoti ulteriormente.

Inoltre, un vecchio adagio del mercato dei capitali afferma:

"Il mercato azionario è il luogo dove si negozia il futuro".

Pertanto, è anche di grande valore che siate sempre aggiornati con le ultime conoscenze.

Il mercato azionario in ripresa

Il trading in borsa è in ripresa, il trading sul mercato dei capitali è attualmente in forte cambiamento. Questo è confermato anche dalle cifre del "Deutsches Aktieninstitut". Così, in confronto diretto con il 2019, più di 2,7 milioni di persone hanno trovato la loro strada verso la borsa e investono i loro soldi nei titoli disponibili.

> - **Sicurezza:** una sicurezza può essere intesa come un documento che è associato a certi diritti. Questo diritto può essere esercitato fondamentalmente da chiunque sia in possesso del titolo. Infine, un libretto di risparmio ti dà anche il diritto di ritirare una somma di denaro dalla rispettiva banca.

In totale, ci sono ora più di 12,4 milioni di investitori in Germania che sono coinvolti nel mercato azionario. Questa cifra si riferisce a tutte le persone della popolazione che hanno più di 14 anni. Ciò che è speciale nella ripresa, è che tra i nuovi arrivati nel mercato azionario, ci sono circa un milione di nuovi risparmiatori di azioni che hanno meno di 40 anni.

La trasformazione dell'industria finanziaria e della borsa

Il mercato azionario è inondato da nuovi partecipanti al mercato e c'è un grande aumento delle giovani generazioni. Le cifre parlano da sole - oltre un milione di nuovi investitori sono sotto i 40 anni, un aumento di quasi il 50% in questo segmento. Il numero di investitori totali è alto come lo era 20 anni fa.

Questo è anche amaramente necessario, perché in tempi di "politica dei tassi d'interesse zero" attualmente adottata, che è in combinazione con l'"inflazione" annuale, così come l'incertezza generale intorno alla previdenza per la vecchiaia in Europa, rende inevitabile fare qualcosa riguardo al proprio accumulo di beni.

- **Politica dei tassi zero:** la politica dei tassi zero è una procedura molto complessa, avviata dalle banche centrali europee. L'obiettivo è quello di controllare e regolare i cosiddetti tassi d'interesse chiave, che attualmente sono mantenuti a un livello di circa lo 0 per cento.

Attraverso questo strumento finanziario o questa possibilità di aggiustamento, che spetta alla Banca Centrale Europea, si può controllare la crescita dell'economia. Per noi, questo significa nella vita di tutti i giorni che i tassi d'interesse chiave favorevoli ci permettono di prendere prestiti molto economici. In generale, questo significa che più denaro è in circolazione attiva, più alto è il giro d'affari nell'economia. Da un lato, noi investitori privati beneficiamo del fatto che possiamo realizzare i nostri desideri, ottenendo prestiti a tassi favorevoli e siamo generalmente, più disposti a spendere. Per le aziende, il maggior fatturato è di grande importanza. Perché i libri degli ordini pieni e quindi, anche le entrate aumentano la crescita di un'azienda. Inoltre, anche le banche ne beneficiano, dato che molte persone prendono prestiti da loro. Come per qualsiasi altra azienda, i profitti più alti possono essere registrati a lungo termine.

Di conseguenza, la rispettiva azienda può reinvestire il denaro ricevuto, che a sua volta porta ordini ad altre aziende. Come puoi vedere, questo è in definitiva un ciclo che può diventare positivo da solo, ma può anche diventare rapidamente negativo a causa di queste interazioni. In passato, c'è stata spesso una corrispondenza tra l'abbassamento generale dei tassi d'interesse chiave e una successiva flessione del ciclo economico - una cosiddetta recessione.

- **Recessione:** Una fase di crescita economica negativa o una flessione economica generale è chiamata recessione. In linea di principio, questo può essere misurato dal prodotto interno lordo o dalle sue cifre - vale a dire, se non aumenta più o addirittura diminuisce nei due trimestri consecutivi rispetto a quelli precedenti.

- **Inflazione:** Per quanto riguarda la ripresa del mercato azionario, ti sei già confrontato con il termine inflazione. Il termine inflazione è spesso usato nei social media e nelle notizie, ma pochi sanno davvero cosa si intende. Si parla di inflazione quando "si verifica una svalutazione del denaro attraverso l'aumento dei prezzi, si ricevono meno beni per la stessa unità monetaria di prima" (https://debitoor.de/lexikon/inflation).

Con un tasso d'inflazione di circa il 2% all'anno, questo significa che teoricamente, dopo 50 anni di abbandono dei nostri soldi in banca, non saremmo più in grado di pagare nulla con essi. Il denaro perde potere d'acquisto a causa del coprifuoco e le persone sono così limitate nelle loro opzioni di azione a lungo termine.

Ma ci sono altre ragioni per cui è di grande importanza fare qualcosa con il proprio denaro, per non essere privati della propria ricchezza a lungo termine dal sistema dato.
In generale, il denaro è lo strumento finanziario con la maggiore influenza in tutto il mondo. Perché il denaro decide tra la vita e la morte delle persone, a causa del denaro si iniziano e si finiscono le guerre, si combinano e si separano i matrimoni e molto altro. Lo scopo non è quello di spaventarti o di drammatizzare eccessivamente tutto questo, ma di sottolineare l'influenza che ha il denaro. Ognuno di noi sente l'impatto massiccio della propria ricchezza, giorno dopo giorno.
Perché le nostre possibilità finanziarie determinano tutto, da dove viviamo, il nostro stile di vita, la nostra dieta alle nostre cure sanitarie. Questo è stato riconosciuto anche dal Robert Koch Institute, che ha scoperto che le persone che guadagnano meno del 60% del reddito netto medio in Germania, hanno un rischio tre volte maggiore di morire prima dei 65 anni. Ma va anche oltre, perché il denaro influenza molto di più, come il nostro accesso all'istruzione, la classe sociale e ci dà un certo status, che ci viene attribuito dai nostri simili. In definitiva, questo ha lo scopo di formare la nostra consapevolezza dell'impatto che il denaro in generale ha su di noi.
C'è da chiedersi come mai, nonostante questo, solo una persona su sei in Europa di età superiore ai 16 anni investe il proprio denaro in una delle tante opportunità di investimento e spera così di ottenere un profitto a lungo termine.

- **Deflazione:** Dopo aver ricevuto alcune informazioni sull'inflazione, passiamo ora alla controparte dell'inflazione. Secondo l'Agenzia federale per l'educazione civica, questo può essere inteso come un processo di riduzione dei prezzi nell'economia nazionale. La deflazione si verifica quando la quantità totale di beni disponibili, viene contrastata da un'offerta di denaro troppo bassa. L'interazione della domanda e dell'offerta gioca un ruolo importante non solo in borsa, ma ha anche un impatto enorme sull'economia nazionale. In deflazione, la domanda è inferiore all' offerta sottostante.

La deflazione può verificarsi sulla scia dell'inflazione. Se questo porta a una riduzione eccessiva del denaro o della massa monetaria, alla fine non ci sono più abbastanza acquirenti sul mercato per i prodotti fabbricati. Questo è stato il caso dell'industria petrolifera nel 2020, per esempio. I grandi attori dell'industria petrolifera hanno continuato a produrre grandi quantità di petrolio, nonostante la pandemia di Coronavirus. È interessante notare che prima c'era un accordo internazionale tra le compagnie per limitare un po' la produzione, dato che alla fine non c'erano acquirenti per il petrolio prodotto. Le masse di petrolio che erano pronte per il consumo ora dovevano essere immagazzinate temporaneamente, perché la pandemia ha portato l'economia a un punto morto e quindi, c'era un'enorme offerta, ma improvvisamente non c'era più domanda.

Il risultato fu che il prezzo del petrolio scese rapidamente e alla fine la produzione o l'estrazione del prodotto fu più costosa del prezzo di vendita provvisorio. Se le persone e le imprese non hanno i mezzi necessari per i prodotti del mercato, i produttori non hanno clienti a causa del basso potere d'acquisto dei loro clienti. La pandemia di Coronavirus ha avuto un impatto enorme sul mercato e le sue aziende.

Alcuni dipendenti hanno perso il lavoro a causa degli ordini mancanti e soprattutto, a causa della mancanza di risorse la produzione ha dovuto essere fermata in molti luoghi. Questo significava la perdita di grandi quantità di profitto, perché non solo si potevano fabbricare meno prodotti, ma soprattutto i prodotti non potevano essere venduti.

- **Stupido denaro tedesco:** Il termine "Stupido denaro tedesco" è nato con gli inglesi, che lo hanno coltivato e quindi, hanno ironicamente deriso il comportamento di risparmio dei tedeschi. Dopo tutto, la maggior parte dei tedeschi si attiene ancora ai classici metodi di risparmio, come il libretto di risparmio o il conto corrente, anche se su questi non viene promesso alcun profitto.

Al contrario, in un numero sempre maggiore di filiali bancarie è la norma dover pagare delle tasse per i rispettivi conti, ma di questo parleremo più avanti. Il sistema degli investimenti classici si è manifestato nella mentalità della maggior parte dei tedeschi ed è il risultato di passati profitti o ricompense redditizie, che però non sono più rilevanti nel mondo di oggi.

Nelle statistiche qui sotto puoi vedere il corso dello sviluppo medio del tasso d'interesse, offerto sul cosiddetto conto call money dal passato. Soprattutto a causa della crisi economica e finanziaria del 2008, i tassi d'interesse sono scesi rapidamente e sono ormai a livello zero da diversi anni.

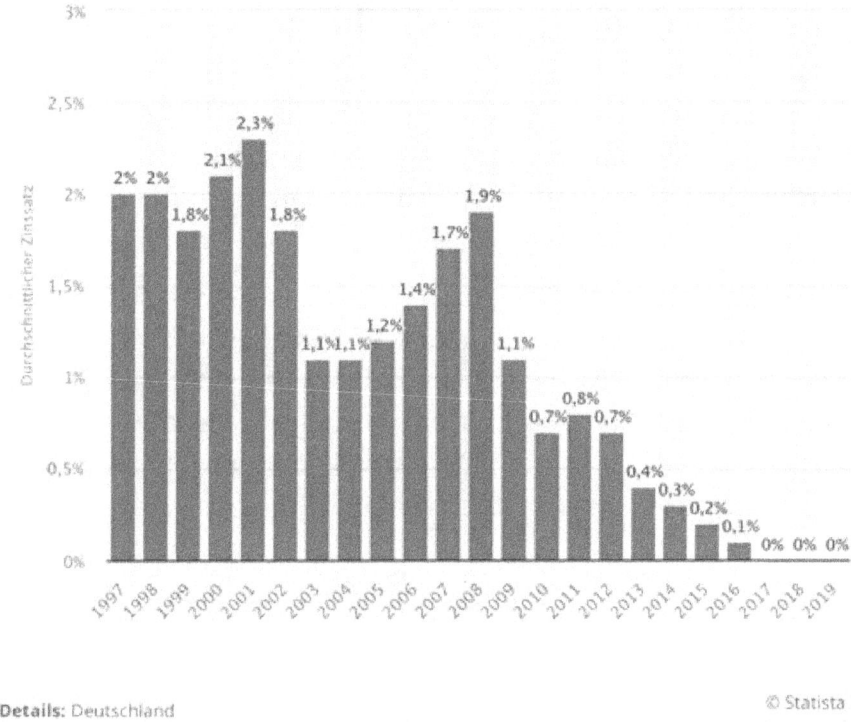

In Dettaglio: Germania – Tasso di interesse medio

È sorprendente che in un confronto globale, la Germania sia solo nella metà inferiore del campo tra altri paesi in via di sviluppo comparabili, per quanto riguarda il numero di investitori totali. Così, la tesi degli "Stupidi tedeschi" può essere giustificata; tuttavia, l'intera faccenda deve finire e la società deve ripensare se non vuole essere presa alla lunga dalle conseguenze dell'inflazione e allo stesso tempo dalla politica bloccata.

Ripensare per il portafoglio e per il mondo

Un gran numero di persone si è reso conto negli ultimi anni che qualcosa deve cambiare. Le cifre che riguardano il rapido aumento del numero di persone sotto i 40 anni possono dare il segnale di partenza e incoraggiare un processo di cambiamento nella società. Anche prima dell'inizio della pandemia globale di Corona, gli interessi della gente erano chiari.

La questione del cambiamento climatico ha trovato la sua strada nei dibattiti pubblici ed è stata portata nel discorso pubblico da organizzazioni come Fridays for future, per esempio. Prima della crisi di Coronavirus, la vita quotidiana era dominata dalle discussioni sul cambiamento climatico. L'importanza dei cambiamenti generali nel mondo, per quanto riguarda la sostenibilità e un approccio più attento o consapevole all'ambiente non può più essere ignorato. Dopo tutto, la terra si sta riscaldando di circa 1 grado Celsius ogni anno, da oltre 100 anni.

Ciò che a prima vista può non sembrare così male, al secondo sguardo è associato a conseguenze orribili. In molti paesi ci sono incendi boschivi estremi, dovuti alla mancanza di pioggia e alla conseguente grave siccità. Le conseguenze sono la morte di un numero inimmaginabile di alberi, che sono importanti per il clima. Immagazzinano il CO_2 dannoso per il clima. Gli incendi massicci riscaldano ulteriormente l'atmosfera terrestre. In generale, il tempo sta cambiando in tutto il mondo. Massicce ondate di calore o piogge estreme stanno portando la gente alla rovina in molti luoghi. Inoltre, il ghiaccio al Polo Nord e al Polo Sud si sta sciogliendo, così come i ghiacciai, causando l'aumento incontrollato dell'intero livello del mare. Le conseguenze sono inondazioni massicce e anche la scomparsa di intere isole nel mare. Le conseguenze peggiorano esponenzialmente con ogni grado Celsius in più. Le persone perdono i loro mezzi di sussistenza o sono costrette a fuggire. Anche l'agricoltura e quindi, la produzione di cibo, sta diventando impossibile in sempre più luoghi. Anche gli animali e le piante sono minacciati da una rapida estinzione, a causa del rapido cambiamento climatico. La ragione per cui ciò trova posto in questo libro, è che gli interessi delle persone o degli investitori hanno un effetto a lungo termine sull'andamento del prezzo di un investimento. Il futuro viene scambiato in borsa e sempre nuovi e soprattutto giovani partecipanti, stanno cambiando in modo massiccio ciò che accade sul mercato dei capitali speculativi. Gli interessi delle persone, intorno al cambiamento climatico e alla sostenibilità generale di un'azienda o di un'industria, si sono fatti estremamente evidenti all'inizio della pandemia di Corona in borsa. Questo perché i fornitori di opportunità di investimento, che si concentrano sulla sostenibilità e si pongono l'obiettivo di fermare il cambiamento climatico negativo, hanno beneficiato molto dei valori dei nuovi partecipanti più giovani.

La conseguenza fu che nel corso del 2020, da marzo a dicembre, i prezzi di alcune di queste aziende si moltiplicarono. Perché il mercato azionario è il luogo dove si negozia il futuro e nel tempo successivo alla pandemia, dovremo affrontare di nuovo l'importantissima questione del cambiamento climatico. Perché altrimenti le generazioni che ci seguiranno soffriranno enormemente della nostra impronta sul mondo. Sono convinto che anche tra di voi, la stragrande maggioranza dà importanza alla sostenibilità a lungo termine e vuole incorporare i propri valori nell'accumulo di beni. Il mercato azionario offre una serie di opzioni e possibilità per quanto riguarda "l'investimento verde", in modo che questo possa essere realizzato. Ma c'è di più in questo wishful thinking, che esaminare e mettere in discussione i propri investimenti finanziari. Sai davvero cosa fa la tua banca con i tuoi soldi?

Il sistema bancario

Le nostre banche di casa, come qualsiasi altra azienda, hanno esattamente un obiettivo: realizzare un profitto. Molte persone hanno l'errata convinzione che il denaro che tengono in banca sia lì. Ma questo non è il caso. Ogni banca reinveste il denaro che riceve nei conti, sempre nella speranza di poter realizzare essa stessa profitti maggiori. Questo di solito ha successo, perché la concessione di prestiti, l'emissione di obbligazioni e anche il commercio attivo in borsa fanno parte del sistema delle banche. Ma le banche guadagnano anche i loro soldi attraverso le commissioni in corso o i costi di transazione.

> - **Costi di transazione:** Queste sono le transazioni in cui la banca compra o vende qualcosa per voi, cioè negozia attivamente. In definitiva, i costi sono sostenuti da qualche parte con ogni azione in borsa. Queste spese sostenute a causa delle attività di trading sono chiamate costi di transazione.

La banca non discute con i suoi clienti quali investimenti vengono fatti; infatti, quasi nessuno di noi sa veramente cosa fa la banca con tutti i soldi. Fondamentalmente, le banche investono spesso in un'ampia varietà di classi di attività e raramente limitano le loro opzioni nel farlo. Alla fine, il denaro nel tuo conto di risparmio o conto corrente, può sostenere aziende che non si preoccupano in alcun modo della sostenibilità e del clima.

Tuttavia, i confini non finiscono qui, perché può anche succedere che si sostengano aziende che producono e distribuiscono armi in questo modo. Questo probabilmente contraddice i valori della generazione "venerdì per il futuro", ma poche persone sanno cosa fa la loro banca con i soldi. Devi decidere da solo, se la tua banca è compatibile con i tuoi valori personali o se un cambiamento potrebbe essere una buona idea. Infine, noi privati possiamo cambiare l'intera struttura delle banche attraverso il nostro sistema di valori personale ed esercitare così un'influenza diretta. Questa opportunità è anche disponibile per noi in borsa, dove sarà possibile per noi sostenere le aziende che lavorano in modo sostenibile e vogliono fermare le conseguenze del cambiamento climatico - ma di più su questo in seguito, sotto "Investire nel futuro".

Provvidenze per la vecchiaia e cambiamento demografico

L'attuale cambiamento demografico nella società mostra una chiara tendenza: la popolazione sta invecchiando. Ne siamo consapevoli da tempo e le cifre pubblicate ogni anno dall'Ufficio Federale di Statistica, per esempio, non sono sorprendenti per nessuno. Il numero di giovani sta diminuendo e questo è contrastato da una rapida crescita degli anziani.

Di conseguenza, la struttura sociale si sta spostando in un modo che non è mai successo prima. Il risultato è che una persona su due in Europa occidentale ha già più di 45 anni e una su cinque ha addirittura più di 66 anni. Tuttavia, c'è un piccolo barlume di speranza, perché l'immigrazione relativamente forte di giovani e l'aumento annuale delle nascite dal 2012 potrebbero, almeno in minima parte, contrastare questo massiccio cambiamento sociale. Questo cambiamento si sta già facendo sentire fortemente oggi e probabilmente mostrerà veramente i suoi effetti solo in futuro.

Probabilmente, uno dei cambiamenti più influenti che verranno sulla nostra strada, è il cambiamento nei pagamenti delle pensioni per le prossime generazioni. Mentre la povertà massiccia degli anziani è già sperimentata oggi, essa può essere vista in qualsiasi grande città ad un esame più attento, questo probabilmente avrà conseguenze molto più gravi negli anni a venire. I pagamenti delle pensioni continueranno probabilmente a diminuire e lo sentiremo in futuro. Pertanto, è di grande importanza prendere la nostra previdenza per la vecchiaia nelle nostre mani ed essere così assicurati in seguito. Puoi riuscire in questo, se inizi a prepararti per tempo. Questo non richiede uno stile di vita estremamente frugale, come farebbe un frugalista, per esempio. Nella maggior parte dei casi, è sufficiente una sana via di mezzo, che può essere attuata anche con una borsa relativamente piccola.

- **Frugalità:** se inizi a costruire il tuo patrimonio e a sostenere la tua previdenza per la vecchiaia sul mercato azionario il più presto possibile, puoi beneficiare massicciamente dell'effetto di interesse composto a lungo termine. Il frugalismo consiste nel raggiungere l'indipendenza finanziaria il più rapidamente possibile, rinunciando al maggior consumo o spesa possibile. Un frugalista di solito persegue l'obiettivo di essere in grado di vivere indipendentemente dal suo reddito attraverso una professione, il più presto possibile.

L'obiettivo è quello di finanziare la propria vita attraverso il patrimonio risparmiato in precedenza. Investendo i risparmi, questo denaro dovrebbe aumentare nel corso della vita e quindi, generare profitti sempre maggiori o denaro per la vita quotidiana. Fondamentalmente, il frugalismo si basa sul termine "frugale", che significa modesto o semplice.

- **Effetto di interesse composto:** è di grande importanza che non affrontiamo l'argomento solo quando la nostra pensione è imminente o abbiamo solo qualche euro di troppo in tasca, ma iniziamo a fare provviste non appena possiamo in qualche modo. Con la maggior parte dei fornitori, questo è possibile per un solo euro e ammettiamolo, ognuno di noi ne ha a disposizione. Inizia e non continuare a rimandare la questione. Il pieno effetto si sente quando i profitti degli investimenti non vengono pagati, ma reinvestiti continuamente. In altre parole, non si riduce l'importo dell'investimento in nessun caso, né dopo i profitti né dopo le perdite.

Perché se ti attieni costantemente, allora la somma totale dei risparmi crescerà esponenzialmente verso l'alto a lungo termine, grazie ai rendimenti più alti che sono sorti e la tua ricchezza aumenterà a lungo termine. Il cervello umano ha problemi con l'elaborazione cognitiva di questo effetto.

Questo è sottolineato dai risultati del sondaggio di Kantar Emnid, che ha mostrato chiaramente il bias cognitivo. Lì è stato dimostrato che 6 persone su 10, hanno gravemente sottovalutato e significativamente sottostimato il rendimento finale dall'effetto dell'interesse composto. Gli effetti composti erano già considerati l'ottava meraviglia del mondo da nientemeno che Albert Einstein. Le dichiarazioni dei guru del mercato azionario come Warren Buffet, che descrive l'effetto come il suo più importante fattore di successo nei suoi investimenti, non dovrebbero essere ignorate. Il bello è che questo non è solo possibile se si hanno già grandi somme di denaro a disposizione, ma si può anche approfittare dell'effetto con piccole quantità di capitale. Sii consapevoli dell'effetto crescente che l'interesse composto avrà sul tuo patrimonio totale, anno dopo anno. Inizia il più presto possibile e non aspettare, altrimenti potresti perdere uno o due anni, in cui l'effetto potrebbe già avere un impatto massiccio sui tuoi investimenti.

Gap retributivo di genere

Il gender pay gap si riferisce al divario tra i guadagni di uomini e donne, che in definitiva rappresenta una mancanza di parità di trattamento nella società. Ci sono differenze salariali di genere non aggiustate e equiparate. Quello non aggiustato confronta il guadagno orario lordo assoluto e non include i fattori causali. I risultati si riferiscono a diverse sotto voci come l'età, il livello di istruzione e molto altro.

I risultati sono calcolati da formule speciali, basate sui dati sottostanti dell'indagine quadriennale sulla struttura dei salari. Il calcolo include i rapporti di lavoro dipendente di tutti i settori economici e le dimensioni delle imprese (con alcune eccezioni). Nel gender pay gap aggiustato, la parte della differenza tra uomini e donne che può essere ricondotta alla differenza strutturale tra i sessi viene dedotta. Bisogna sempre tenere presente che il valore calcolato deve essere considerato come un limite superiore, che sarebbe sempre più basso, se fossero disponibili più informazioni sui fattori rilevanti per il salario per le rispettive analisi. Per scopi pratici, il divario retributivo di genere aggiustato è di maggiore importanza, per determinare le differenze di guadagno tra uomini e donne.

Secondo l'Ufficio federale di statistica, le donne hanno guadagnato in media il 19 per cento in meno degli uomini nel 2019. L'obiettivo fissato dai politici è di ridurre questa cifra al 10% entro il 2030. Questo è molto importante, soprattutto per quanto riguarda la povertà in età avanzata, che colpisce le donne in modo particolarmente grave. Si stanno già prendendo misure politiche per contrastare questo fenomeno.

È stato stabilito un regime pensionistico legale di base, che garantisce che ogni persona che ha versato nel fondo pensione per 45 anni di lavoro, a tempo pieno, riceverà il 48% del suo reddito medio. Certo, questa è una forma di protezione piuttosto teorica, che in realtà è raggiunta solo da un numero relativamente piccolo di persone. Mentre gli uomini in Occidente hanno quasi 40 anni di contributi, le donne ne hanno solo 28. In Oriente, invece, gli uomini hanno 44 anni e le donne 41. In fin dei conti, però, resta il fatto che probabilmente non è possibile vivere con il 48%, ma che si dovrebbe avere già un proprio anticipo per non dover girare ogni centesimo due volte in vecchiaia.

Ma qui dà speranza pensare al principio dell'interesse composto. Perché se si prende come valore di riferimento il profitto medio degli investitori degli ultimi anni e si calcola il 7 per cento su un importo di risparmio mensile di 50 euro, si può sicuramente fare un bel po' per la propria previdenza di vecchiaia. Così, con un orizzonte di investimento di 10 anni, si avrebbero già 8.290 euro, dopo 20 anni 24.597 euro, dopo 30 anni 56.676 euro e dopo 40 anni addirittura 119.781 euro. Naturalmente, questo è senza dubbio un calcolo velleitario e se funzionasse così facilmente, la sicurezza finanziaria sarebbe probabilmente facile. Ma è chiaro che coloro che iniziano presto ne beneficiano a lungo termine. Come puoi vedere, un dipendente che dovrebbe ricominciare da zero dopo la sua formazione o i suoi studi, potrebbe sovvenzionare positivamente la sua pensione statale per la propria vecchiaia con "solo" 50 euro al mese.

Il settore finanziario

La borsa e l'industria finanziaria in generale si stanno spostando un po' verso il centro della società. Cambiando l'accessibilità di poter partecipare al trading, cambia anche quello che succede in borsa. La partecipazione al mercato è più facile che mai. Lo sviluppo ha preso il suo corso abbastanza imprevedibile, con l'inizio della digitalizzazione all'inizio del XXI secolo. Con lo sviluppo di standard di sicurezza più elevati su internet, alcune persone hanno accettato relativamente presto la gestione delle finanze su internet. La maggior parte della società si sta allontanando dalle classiche attività bancarie e dal trasferimento di denaro, fatto dalla comodità del proprio divano utilizzando il proprio smartphone.

È diventato la norma non portare più contanti, ma pagare tramite cellulare o carta. Mentre all'inizio dovevi sempre portare con te dei contanti, perché non potevi pagare digitalmente dappertutto, ora questo è possibile in ogni piccolo caffè, pub e chiosco, il contante sta facendo fuori sé stesso. I tempi in cui si doveva solo prelevare denaro dalle banche o dai bancomat sono inimmaginabili. A volte si doveva anche pagare una tassa, se si voleva prelevare denaro da una banca diversa dalla propria. In generale, non solo il puro trattamento delle transazioni finanziarie si è spostato nel regno digitale. Un gran numero di persone usa internet per lo shopping e questo non significa più solo vestiti e simili. Soprattutto nel corso della pandemia di Coronavirus, il commercio online è stato massicciamente incrementato. Molti fornitori di lunga data ora mettono a disposizione dei clienti anche la spesa alimentare. Inoltre, sono emerse alcune aziende che si concentravano specificamente sulla vendita di pasti o cibo, in modo che le persone potessero avere cibo consegnato a domicilio. Grazie al rapido progresso e all'aumento delle norme di sicurezza, il commercio online è arrivato da tempo nella società ed è stato accettato da molto tempo.

Purtroppo, non ci sono solo aspetti positivi da menzionare nel corso di questo sviluppo. Se è sempre stato possibile colmare le lacune di sicurezza su Internet, il commercio ha portato a cambiamenti estremi nei paesini e nelle città. Se dai un'occhiata alle città e specialmente ai piccoli paesi, noterai rapidamente quanto la varietà di negozi al dettaglio sia diminuita. Sono spariti i piccoli negozi d'angolo nei piccoli villaggi e in generale, il commercio al dettaglio sta avendo un momento più difficile che mai. Coloro che hanno perso la connessione con il mondo digitale non hanno alcuna possibilità di offrire prezzi competitivi a lungo termine e sono alla fine spinti a chiudere il loro negozio.

In definitiva, questo è interamente il risultato del nostro comportamento di consumo e probabilmente, ne sentiremo noi stessi le conseguenze a lungo termine. Dal punto di vista di noi clienti, questo non è così drammatico e il fattore che possiamo accedere a un'incredibile varietà di prodotti, dalla comodità del nostro divano lo supera chiaramente. Il piccolo commercio al dettaglio non può tenere il passo con questa concorrenza e su internet noi clienti, spesso, troviamo lo stesso prodotto a un prezzo più basso e tutto questo senza dover lasciare il divano.

Digitalizzazione in borsa

Molto è cambiato anche in borsa negli ultimi anni. Perché l'ulteriore sviluppo di internet rende possibile, a noi investitori privati, di partecipare al mercato azionario. Con l'aiuto di varie piattaforme, il trading da casa è reso possibile e questo non era possibile in passato. Mentre in passato il mercato dei capitali speculativi era dominato da esperti, agenti di cambio e altri rappresentanti delle banche, oggi tutti possono partecipare al mercato azionario.
Il mercato azionario ha anche sperimentato una massiccia spinta durante la pandemia di Corona, che ha portato un gran numero di nuovi investitori al mercato dei capitali. Questo è risultato dalla combinazione di una maggiore propensione al rischio, soprattutto tra gli investitori più giovani e il massiccio calo dei prezzi delle azioni.
Inoltre, è del tutto normale per le giovani generazioni gestire le proprie finanze in modo digitale, poiché la fiducia nella sicurezza delle piattaforme è molto alta.
Inoltre, l'accesso alle informazioni sulle singole aziende è cambiato in modo massiccio. Mentre una volta il mercato azionario consisteva nel "performare" meglio della concorrenza, per poter mantenere il proprio posto di trading, la concorrenza prevalente non ha più alcun significato per noi investitori privati. Oggi, molti esperti rendono spesso le loro conoscenze e analisi dettagliate liberamente disponibili sui social media. Questo permette, a noi investitori privati, di formare un quadro a più livelli di un'azienda con poche conoscenze e soprattutto, con uno sforzo relativamente basso.
Non è più il caso che i migliori performer siano quelli che hanno una forte rete per ottenere informazioni. Ottenere informazioni è più facile che mai. Gli esperti condividono le loro conoscenze in interviste, video e blog. Tuttavia, come investitore privato si corre un rischio elevato, se si crede ciecamente a queste informazioni. A lungo termine, rimane inevitabile per noi investitori istruirci costantemente, sulle nostre conoscenze in materia di finanza.
Ma i nuovi investitori sono disposti a correre questo rischio e spesso, trascurano l'enorme impatto che può derivare da questo comportamento. A lungo termine, però, il percorso si allontana dal normale commercio e dalle discussioni con il personale locale. Troppo comoda e in definitiva, anche amichevole per il cliente è la transazione via internet.

Cambiare l'immagine dell'umanità

Tuttavia, il cambiamento nel mercato azionario non può essere semplicemente spiegato dai cambiamenti di accompagnamento, portati dalla digitalizzazione e dal crescente interesse per la previdenza autogestita. Perché anche la finanza stessa è cambiata molto e soprattutto, gli impiegati al suo interno. Il percorso si sta allontanando dai classici banchieri e agenti di borsa che non portano niente a nessuno, tranne che a sé stessi. La formazione degli acquirenti di banche e anche le posizioni al di sopra di loro, sono cambiate. Da molto tempo ormai, i dipendenti non cercano solo il proprio profitto. Si dà molta importanza alla soddisfazione dei clienti. In questo contesto, una consulenza adeguata, orientata alle circostanze individuali delle persone, è indispensabile.

Perché il sistema che c'è dietro è cambiato. Mentre una volta era molto importante per i clienti fare bella figura con la loro banca, per aumentare le loro possibilità di ottenere un prestito a basso costo, ecc., questo è cambiato un po' al giorno d'oggi. Perché ora le banche devono superarsi a vicenda in una grande competizione. Oggi, le persone spesso ricevono diverse offerte da banche completamente diverse, prima di prendere un prestito e per lo più scelgono quella che è la più economica per loro. Ma le cose sono anche cambiate in generale, per esempio, gli impiegati di banca sono oggi spesso molto ben addestrati, nelle loro abilità sociali e nel condurre le conversazioni. In generale, il tema delle finanze sta diventando più aperto nella società e non è più un argomento tabù, come una volta.

Questo si nota anche nella diffusione dell'informazione e della conoscenza. Basta dare un'occhiata a internet e ci si rende subito conto di quanto sia facile e di solito, gratuito accedere a una vasta gamma di competenze. Gli esperti e ora anche le banche usano i social media per entrare in contatto con i loro clienti. Per questo, hanno a loro volta bisogno di informazioni interessanti per i destinatari e non possono semplicemente rivelare cose banali, perché poi il pubblico passerebbe al prossimo influencer. A lungo termine, questo cambierà anche l'immagine delle persone nel settore finanziario.

Uno sguardo al passato rende chiaro che le persone cresciute o vissute nel XX secolo, semplicemente non avevano una base adeguata per partecipare al mercato azionario, in qualsiasi forma. Perché proprio i bambini del dopoguerra sono stati plasmati dai valori dei loro genitori e anche dei nonni. A quel tempo, non si trattava certo di accumulare riserve per essere sicuri nella vecchiaia. Si trattava di preservare la propria vita e il proprio benessere. Questo era impresso nei modelli di pensiero di molte persone, pertanto, quando le opportunità di partecipare al mercato dei capitali speculativi aumentarono, questo fu piuttosto disapprovato dalle masse sociali.

Perché mentre in passato succedeva, a volte, che il denaro come lo conosciamo noi non aveva valore, erano ricchi coloro che possedevano terra e animali - non quelli che avevano più soldi sul conto o in casa. Quando, intorno agli anni '60 e '70, aumentò la possibilità di investire il proprio denaro nel mercato azionario, questo era per lo più assente dal pensiero della gente. La gente ha goduto della libertà e soprattutto della sicurezza del proprio benessere dopo la guerra. Il commercio in borsa era lontano dalla gente e soprattutto dal centro sociale. Nei decenni successivi, i banchieri e i commercianti di borsa sono stati spinti sempre più, nella direzione delle persone occupate dal capitalismo e dalle idee egocentriche.

Chiunque abbia ottenuto un posto in borsa negli anni '80 e '90 doveva fare meglio dei suoi concorrenti. "La sopravvivenza del più forte", questo ha portato ad una visione negativa delle persone. Dato che l'accesso al mercato azionario non era disponibile per tutti a quel tempo, la maggior parte delle persone aveva i loro soldi nei propri libretti di risparmio e altri conti in banca. Tuttavia, anche all'inizio del XXI secolo era ancora comune ricevere fino al 5% di interesse annuo, su un normale libretto di risparmio. Se ti capitasse di avere ancora un tale libretto di risparmio, che è stato concluso senza un termine fisso, allora non dovresti cancellarlo in nessun caso. Perché il denaro protetto dai depositi in questo conto è più sicuro che altrove. Anche in caso di fallimento della tua banca, il denaro nel libretto di risparmio sarebbe protetto.

Un altro fattore importante è la pensione, che è stata pagata ancora lautamente nel XX secolo, ma oggi non rappresenta più un'assicurazione di vecchiaia sufficiente. Il fatto che le persone della generazione più giovane in particolare, siano sempre più aperte al tema della finanza e allo stesso tempo, si confrontino con un sistema finanziario che si sta aprendo, compresi i suoi dipendenti, significa che probabilmente la società sta cambiando molto. Il cammino verso la sostenibilità, non solo con l'ambiente ma anche con il proprio capitale, si sta aprendo.

Gli esperti condividono le loro conoscenze e si genera molta attenzione pubblica su internet, questo fa aumentare il numero degli investitori e probabilmente, continuerà a farlo in futuro. Inoltre, la natura delle banche sta affrontando alcuni seri cambiamenti. Le banche sono in concorrenza diretta tra loro e devono costantemente orientare le loro offerte verso gli interessi dei loro clienti. Attualmente, l'interesse massiccio della gente si confronta con un'offerta in rapida crescita di nuove forme di banche. Stiamo parlando di banche dirette, che rappresentano una forte concorrenza per le classiche banche filiali che conosciamo.

Banche dirette vs. banche filiali

La maggior parte di noi probabilmente conoscerà molto bene le classiche banche ramificate sul territorio. Nel linguaggio comune, questi sono intesi come i classici istituti di credito e finanziari della maggioranza della società. Tuttavia, sono proprio questi che stanno attraversando un momento difficile. Da molti decenni è impossibile immaginare la nostra vita quotidiana senza le banche filiali. In quasi ogni angolo e anche nei paesini più piccoli, abbiamo la possibilità di prelevare e depositare denaro. In molti posti, hai anche la possibilità di chiarire le tue preoccupazioni finanziarie con il personale sul posto. Chi non conosce la sensazione di andare in banca, fare i propri bonifici e fare due chiacchiere con il personale?

Tuttavia, questo ha anche alcuni svantaggi, che portano sempre più persone a cercare nuove possibilità. Affinché i clienti possano entrare in contatto con il personale di una filiale bancaria, devono essere orientati ai rispettivi orari di apertura e soprattutto, ai rispettivi turni di servizio del banchiere. Una conversazione con il cliente non può ancora essere presa in consegna esclusivamente da un robot, per questo che il contatto personale è molto importante. Soprattutto per la generazione più anziana, è di grande importanza che abbiano la possibilità di essere supportati sul posto, quando vogliono fare una transazione bancaria. Per quanto riguarda l'acquisto di titoli, azioni o altre cose, diventa un po' più complesso.

Ora, come cliente, devi prendere un appuntamento con il tuo consulente bancario locale, che deve essere coordinato in termini di tempo. Inoltre, devi condurre questa riunione di persona e sul posto, per questo devi andare in filiale. In questa discussione, sei fondamentalmente dipendente dalla rispettiva offerta della banca del ramo, oltre anche a fare i conti con commissioni relativamente alte per i consigli. Il vantaggio che si presenta qui, tuttavia, è che si può beneficiare della conoscenza del personale e della competenza degli analisti della banca. Tuttavia, di solito si incorre anche in costi di transazione un po' più alti, cioè le commissioni per l'esecuzione della transazione di trading. Questo alla fine riduce sensibilmente il tuo portafoglio. In generale, il bisogno di una maggiore flessibilità nello svolgimento delle proprie attività finanziarie sta aumentando tra un gran numero di persone. Inoltre, sempre più investitori e privati non approfittano più della consulenza personale. Inoltre, alcune banche di filiale addebitano anche costi relativamente alti per la gestione del conto bancario, le cosiddette commissioni di gestione del conto di deposito. Tuttavia, la banca ha urgente bisogno delle alte tasse e dei costi sostenuti, perché i dipendenti, gli affitti e gli altri costi di gestione devono essere coperti.

Tuttavia, il mondo finanziario ha riconosciuto il bisogno delle persone di bassi costi e un maggior desiderio di flessibilità. Così, le prime banche di filiali si rivolgevano ai bisogni dei loro clienti e cercavano di garantire, attraverso i cambiamenti nella loro strategia, che i clienti potessero svolgere le loro attività riguardanti le proprie finanze, in modo relativamente indipendente dal luogo e soprattutto, dal tempo. È diventato sempre più frequente che, su richiesta dei clienti, gli incontri regolari faccia a faccia non si tenevano più sul posto nella filiale, ma molto più per telefono. Inoltre, alcune banche hanno creato bancomat più piccoli e spesso li hanno distribuiti nei piccoli villaggi.

Questo dovrebbe permettere ai clienti di accedere al loro denaro, indipendentemente dagli orari di apertura della banca. Tuttavia, l'acquisizione, l'assistenza e la manutenzione dei bancomat hanno comportato costi molto alti, che le banche hanno dovuto compensare in altri modi. La soluzione è stata quella di chiudere alcune filiali. Questo ha avuto un impatto negativo sui clienti più anziani, che hanno dato grande valore al servizio personale. Inoltre, nel contesto della digitalizzazione, le attività finanziarie sono state spostate su internet. Ai clienti è stata data la possibilità di condurre i loro affari bancari da casa, indipendentemente dal tempo e dal luogo. Questo è stato un passo significativo verso la modernizzazione. Tuttavia, lo sviluppo era spesso troppo veloce, soprattutto per gli anziani. Inoltre, alcune filiali erano chiuse, rendendo molto difficile per molte persone avere una conversazione personale. Inoltre, alcuni distributori automatici sono stati tolti di nuovo dalla mappa, perché i costi di gestione non potevano essere pagati dalla chiusura delle filiali.

Il grande vantaggio delle banche filiali di essere sempre "sul posto" è stato sigillato. Soprattutto per i molti clienti di lunga data delle banche, si è chiuso l'accesso per lo svolgimento delle attività. Per coloro che non riuscivano a far fronte alle misure di modernizzazione e allo stesso tempo, avevano problemi ad andare nelle filiali durante gli orari di apertura sempre più stretti, erano letteralmente sul lastrico. Per le banche è emersa una linea sottile tra il mantenimento delle commissioni e l'attrazione di nuovi clienti. Allo stesso tempo, mantenere le vecchie generazioni e prendersi cura di loro. Erano bloccati tra la chiusura di alcune filiali e la garanzia di un'assistenza personale ai clienti.

Soprattutto gli investitori e le generazioni più giovani erano alla ricerca di alternative più economiche, per effettuare le loro transazioni bancarie e azioni finanziarie. La soluzione definitiva è stata lo sviluppo di un concetto bancario, che non spende risorse per mantenere le filiali e in generale mantiene i costi al minimo - le cosiddette banche dirette. Simili alle banche tradizionali, anche queste sono considerate istituzioni finanziarie, ma la loro esistenza differisce significativamente a causa dei minori costi di gestione. La maggior parte delle banche dirette appartengono a un gruppo bancario più grande, esse offrono ai loro clienti una varietà di conti comparabile a quella delle banche filiali. Inoltre, alcuni fornitori offrono anche piattaforme trattate separatamente, su cui i clienti possono creare un cosiddetto conto titoli.

> - **Conto di deposito**: Un conto bancario specificamente autorizzato per il commercio di prodotti finanziari, che può effettuare il commercio di titoli e altre opportunità di investimento. In questo contesto, i rispettivi conti di solito, non permettono alcuna attività della vita quotidiana, ma sono specificamente orientati al trading in borsa. Gli investitori possono spesso aprire il loro conto titoli presso una cosiddetta banca depositaria, che di solito fornisce un cosiddetto conto di compensazione per gli investitori.

Così, a te come cliente viene offerta la possibilità di utilizzare i tuoi conti, per condurre le tue transazioni finanziarie quotidiane e allo stesso tempo, di partecipare al mercato azionario. Le banche depositarie sono caratterizzate da un approccio molto amichevole verso il cliente. L'apertura di conti è spesso possibile con un modulo di registrazione o anche attraverso un video ident.

In questo caso, tu come cliente parli al telefono con un impiegato, tramite una videoconferenza e hai così la possibilità di attivare o legittimare il tuo conto. Mentre all'inizio della digitalizzazione c'era solo un piccolo numero di fornitori di tali banche dirette, oggi c'è una grande varietà di opzioni. Le banche dirette sono ora in competizione, non solo con le classiche banche di filiale, ma anche tra di loro. Le conseguenze per noi clienti sono molto positive, per cui ci troviamo di fronte a commissioni sempre più basse, maggiori norme di sicurezza e spesso anche bonus di benvenuto. Le banche dirette spesso non hanno o hanno pochissime filiali. Questo è sia un vantaggio che uno svantaggio. Lo svantaggio è chiaro: se ci sono problemi, devono essere risolti via internet, per posta, molto raramente si ha un contatto diretto. Nella maggior parte dei casi, tuttavia, i clienti sono disposti a correre questo rischio e a rinunciare alle opzioni di consultazione personale. Il più grande vantaggio che ne deriva è il basso costo del conto e i costi di transazione, generalmente molto bassi, quando si eseguono attività di trading e attività bancarie quotidiane.

Alcune banche dirette agiscono come cosiddette banche depositarie. In questo caso, i clienti non hanno un conto bancario classico con i rispettivi fornitori, ma solo un conto di compensazione, sul quale vengono effettuate le attività di trading in borsa. Questo significa che i clienti hanno anche un conto normale in un'altra banca e un conto di deposito, in cui solo loro sono autorizzati a fare depositi e prelievi e ad essere attivi in borsa. Questo serve allo scopo di sicurezza e riduce immensamente il rischio di accesso straniero al rispettivo conto. In caso di problemi, la consulenza o il contatto sono forniti per telefono o tramite video chat.

Con le banche di filiale, tradizionalmente si va dal consulente bancario assegnato e si trova una soluzione adeguata insieme a lui. In generale, le banche dirette godono di un alto livello di fiducia di base, soprattutto da parte degli investitori più giovani, che sono disposti a rinunciare alle possibilità di consulenza personale. Questo è il motivo per cui molte persone si stanno allontanando dalle classiche banche filiali, dirigendosi verso le banche dirette. Questo rappresenta un alto rischio per le banche filiali, che sono costrette a ripensare o modernizzare il loro sistema, ma è discutibile al momento, come questo possa funzionare in modo competitivo nel mondo di oggi. Il fatto è, tuttavia, che la gamma di banche dirette continuerà ad espandersi e alcuni investitori probabilmente, continueranno a trarre vantaggio dalla semplicità di gestione. La fiducia nella sicurezza di internet è alta e i rischi di possibili falle nei sistemi sono probabilmente, giustamente trascurati.

Ora che hai ricevuto alcune informazioni di base sul mondo della finanza e le sue interrelazioni, ci concentreremo su ciò che accade in borsa. Perché il mercato azionario è molto complesso nella sua esistenza. Ma puoi stare tranquillo che per parteciparvi e soprattutto, per trarne profitto a lungo termine, di solito non hai bisogno di tante conoscenze, come potresti pensare.

Ma devi essere consapevole che, sebbene sia ora possibile partecipare al mercato azionario anche come individuo o profano, sarà inevitabile per il tuo processo di apprendimento, che continui ad istruirti per tutta la vita. Hai già fatto il primo passo, ma questo dovrebbe essere solo l'inizio della tua pianificazione patrimoniale nelle tue mani. Per il prossimo passo, ovvero per far rotolare la palla di neve, hai bisogno di conoscenze di base sul mercato dei capitali speculativi - il mercato azionario.

La borsa valori

Nella seguente sezione daremo uno sguardo più da vicino al mercato azionario. Per cominciare, daremo uno sguardo più da vicino al contesto storico e alla nascita del mercato dei capitali.

La storia della borsa valori

Prima di esaminare le origini della borsa, dobbiamo prima concentrarci sul concetto di borsa.

> - **Borsa valori:** Una borsa valori è un mercato dove vengono offerti vari prodotti finanziari. In questo luogo è possibile per gli investitori comprare e vendere vari titoli, valute estere o altri prodotti e beni finanziari. In borsa ci sono broker giurati, che devono determinare i costi dei rispettivi prezzi di acquisto e di vendita. I rispettivi valori di prezzo risultano da un regolamento speciale di ordini di acquisto e vendita, ricevuti durante le rispettive ore di negoziazione della borsa.

Si può immaginare la borsa come un luogo di commercio dove si comprano e si vendono merci. Simile ai mercati settimanali che conosci, solo che qui non ci sono commercianti che vengono al mercato con le loro merci e non si può comprare frutta e verdura. Puoi assicurarti i diritti cartolarizzati comprando un'obbligazione. Qui, il prezzo di acquisto e di vendita si basa sull'offerta e sulla domanda corrispondente. Simile al mercato settimanale - se un commerciante qui ha il miglior formaggio di tutta la città, può continuare ad alzare il prezzo. Finché la gente è disposta a spendere la rispettiva quantità di denaro.

D'altra parte, il venditore che ha un formaggio impopolare nel suo banco deve fissare il prezzo più basso, fino a quando c'è di nuovo una domanda per la rispettiva offerta. Una grande differenza tra il mercato settimanale e la borsa, tuttavia, è che dopo il primo si torna a casa con una borsa piena e dopo il secondo, si sono ricevuti solo i diritti o le azioni di una società. In borsa, per la maggior parte, non si scambiano cose o beni reali.

L'emergere della borsa valori

La denominazione definitiva è in effetti un po' controversa nel mondo della borsa, ma la leggenda più probabile e accurata risale al XVI secolo. A quel tempo, il nome della famiglia di mercanti "van der Beurse" si fuse con il termine latino "Bursa".
La prima borsa valori fu fondata a Bruges nel 1409, dove uno dei centri commerciali più importanti d'Europa vi fu stabilito, all'inizio del XV secolo. La famiglia "van der Beurse" era già rappresentata in questo centro commerciale e teneva riunioni con i mercanti che vi arrivavano, la maggior parte dei quali venivano dall'Italia. Con l'obiettivo di fare affari comuni di "scambio" e altri accordi, i mercanti si incontravano e si pagavano a vicenda con i mezzi di pagamento comuni all'epoca.
A quel tempo, tuttavia, le azioni cartolarizzate o i diritti in una società erano difficilmente scambiabili. Animali e altri beni erano usati per il commercio. Fortunatamente, le frontiere relative alle merci non sono più così aperte al giorno d'oggi, perché il commercio con schiavi o persone era del tutto normale allora. Tuttavia, anche i titoli in una forma un po' modificata hanno trovato la loro origine in questo periodo. A quel tempo, per la prima volta, gli accordi presi furono registrati per iscritto, in modo che si potesse risalire in seguito a chi aveva fatto quale accordo con chi. Questi accordi potevano poi essere riscritti per la prima volta e quindi, scambiati tra di loro e nacquero i titoli.
Nella storia della borsa, ci sono diversi eventi che sono di grande importanza per il suo sviluppo fino ad oggi. La Borsa di Amsterdam, fondata nel 1611, è sicuramente degna di nota. Ha attirato l'attenzione in un modo che è ancora oggi incomparabile, cioè con il primo crollo del mercato azionario - la "Tulip Mania".
Hai sentito bene, il primo crollo del mercato azionario è avvenuto a causa dei tulipani. Il fiore del tulipano fu portato nei Paesi Bassi dal Medio Oriente. Lì, un vero e proprio clamore è sorto intorno a loro, che alla fine si è riflesso in una scala inimmaginabile. Il fiore divenne uno status symbol assoluto e fu un simbolo dei ricchi e degli abbienti. I prezzi salirono alle stelle a causa del numero limitato di tulipani disponibili, la domanda aumentò rapidamente e alla fine, intere case furono scambiate per un solo fiore. Il risultato di questa domanda inimmaginabile fu un'enorme bolla che, a causa della sua massa, non solo scoppiò ma ebbe conseguenze estreme. A quel tempo, la domanda massiccia si estinse in pochissimo tempo, lasciando dietro di sé una baraonda di cittadini impoveriti, che avevano completamente perso il contatto con il valore reale di un fiore. Anche tu puoi trarre le tue conclusioni da questo, perché allora la gente pagava prezzi inconcepibili per un prodotto di valore molto inferiore, a causa della loro avidità. La domanda determina il prezzo in relazione all'offerta, quindi, non lasciarti tentare di pagare somme orribili solo in base alle tue emozioni e al tuo istinto. La scelta dei tuoi prodotti finanziari è sempre lasciata a te, tuttavia, soprattutto con somme di investimento più alte, una seconda opinione da parte di altri o una perizia professionale difficilmente fa male.

I compiti e gli orari di negoziazione della borsa

Nel settore finanziario generale o anche nell'intera struttura economica, le borse hanno preso un posto importante. In borsa, il futuro viene scambiato, i prezzi si sviluppano sulla base della domanda e dell'offerta del rispettivo prodotto. Le borse sono nate per far sì che il commercio potesse avvenire, senza problemi e in modo regolamentato.
Quindi, le borse sono destinate a offrire un mercato controllato per gli acquirenti e i venditori di titoli e altri prodotti finanziari. Dopo tutto, il mercato dei capitali speculativi spesso coinvolge grandi somme di denaro, che gli investitori vogliono investire con profitto in una società di loro scelta, per esempio. Nel migliore dei casi, i rispettivi investitori traggono profitto dagli investimenti, ma soprattutto lo fa anche l'economia generale. Perché fornendo opportunità finanziarie, è possibile per un'azienda espandersi o svilupparsi ulteriormente. Il denaro che viene messo in circolazione beneficia a sua volta altre aziende, si potrebbe quasi dire che il denaro fa girare la prima ruota dentata, così altre ruote dentate cominciano a muoversi in connessione con essa.
La borsa fornisce la piattaforma necessaria, che rappresenta un luogo sicuro per i diritti patrimoniali degli investitori e delle aziende. In linea di principio, le aziende possono scegliere autonomamente, se mettere a disposizione degli investitori l'acquisto di azioni o obbligazioni per la negoziazione. La borsa è in definitiva l'ufficio di controllo, che ha l'importante compito di assicurare che la fissazione dei prezzi abbia un quadro regolamentato, fornendo un luogo di scambio trasparente ed efficiente per acquirenti e venditori. Così facendo, la borsa deve far fronte a un gran numero di ordini da parte dei partecipanti al mercato e allo stesso tempo, proteggere il suo sistema da manipolazioni o altre frodi. È anche importante che i costi di transazione da pagare per l'esecuzione siano i più bassi possibili. La borsa sviluppa costantemente nuovi metodi per garantire questo. Per esempio, i titoli acquistati non sono più documentati per iscritto come in passato, ma sono da tempo trasferiti digitalmente e controllati da computer, e non vengono più consegnati fisicamente. In borsa, l'offerta e la domanda sono così riunite e gli interessi degli investitori e delle imprese sono conciliati. I vari sistemi di trading garantiscono un trading equo, sicuro e trasparente. A questo scopo, le cifre attuali e le informazioni che sono importanti per il commercio di prodotti finanziari sono costantemente pubblicate al fine di consentire una partecipazione equa. La borsa permette anche agli investitori di investire il loro denaro non solo nel settore nazionale.
Questo beneficia non solo gli investitori, ma anche le aziende, che possono fondamentalmente sperare nel sostegno e nei fondi degli investitori di tutto il mondo attraverso una IPO. Succede che le aziende sperimentano una maggiore pubblicità grazie alle nuove opportunità create e possono così migliorare il loro progresso di sviluppo e gli affari quotidiani.

La competitività generale aumenta così e i partecipanti al mercato beneficiano delle regole uniformi per gli investitori. In ogni caso, l'economia generale beneficia dello sviluppo positivo dei rispettivi prezzi delle azioni e sorgono molte altre conseguenze, che sono solo indirettamente collegate alla borsa. Per darti un'idea di cosa si intende con questo, diamo un'occhiata a quello che succede in pratica. Se l'azienda A riceve maggiori risorse finanziarie da varie persone, può usare il nuovo denaro disponibile per espandere l'intera azienda. Questo a sua volta richiede nuovi dipendenti, per prendersi cura delle nuove macchine acquisite. Questo non solo aumenta il valore generale e il fatturato dell'azienda A, ma allo stesso tempo crea nuovi posti di lavoro, il che va di nuovo a beneficio dell'economia generale.

Nelle borse situate in Germania, la negoziazione dei titoli è limitata nel tempo. Il mercato dei Titoli qui non apre prima delle 9:00 ogni giorno e permette il trading fino alle 17:30. Durante questo periodo, il trading viene rilasciato e gli ordini, cioè gli ordini di vendita o di acquisto, vengono eseguiti. In linea di principio, puoi inviare il tuo rispettivo ordine indipendentemente dall'ora, ma l'esecuzione non avrà luogo fino al giorno successivo. La limitazione a un periodo di tempo fisso è dovuta alle leggi di protezione del lavoro applicabili in Germania ed era urgentemente necessaria, perché altrimenti alcuni dipendenti delle borse o del settore finanziario in generale, lavorano quasi senza limiti.

Le ore di trading del mercato dei capitali tedesco si basano solo su società domiciliate in Germania, che generano il loro principale fatturato di azioni in Germania e vi hanno anche la loro residenza principale. Inoltre, una società deve rendere disponibile per la negoziazione almeno il 10% del suo capitale azionario totale, questo è indicato come il cosiddetto flottante.

La politica e la borsa

Il mercato azionario e la politica hanno un rapporto interessante. Perché interagiscono e sono interdipendenti. Inoltre, ci sono le decisioni europee sovra politiche e gli eventi del mondo. Hai già familiarità con termini significativi come la politica dei tassi zero, la recessione e la coppia di termini inflazione e deflazione. In borsa, gli eventi politici mondiali si fanno sentire in modo massiccio. Questo non significa solo la decisione riguardante il mercato o i suoi cambiamenti dovuti alla pandemia di Corona, ma molto di più gli effetti di paesi significativi per il mercato. Questo è quello che è successo all'inizio del 2020, quando il mercato si è trovato in uno stato di grande incertezza a causa delle tensioni geopolitiche. I prezzi dei mercati azionari sono crollati, compresi quelli delle società indipendenti, dopo che le tensioni tra gli Stati Uniti e l'Iran sono esplose e hanno gettato il mercato e il mondo in subbuglio. La causa scatenante è stata l'assalto dei manifestanti pro-iraniani all'ambasciata americana nella capitale Baghdad, che ha costretto gli Stati Uniti a reagire. La gente di tutto il mondo e alla fine anche la borsa, era molto preoccupata che sarebbe scoppiata una guerra tra i due paesi, a causa del contraccolpo che ne è seguito.

Gli Stati Uniti non hanno dovuto aspettare molto per una reazione e hanno effettuato un attacco missilistico mirato, gli azionisti si sono innervositi e hanno tolto i loro soldi dalla borsa. Questo è solo uno dei tanti esempi che dovrebbero farti capire, quanto siano massicce le influenze degli eventi politici globali sul mondo per il mercato azionario. Le tensioni sono ancora pienamente presenti sullo sfondo, anche durante la pandemia di Corona, solo per accennare questo brevemente; quindi, tu come investitore sentirai chiaramente la Brexit, le tensioni tra la Corea del Nord e il resto del mondo, fino ai grandi eventi calcistici intorno a un campionato europeo controverso durante la pandemia di Corona o anche, una scandalosa Coppa del Mondo in Qatar sul mercato azionario.

Ma sii consapevole di una cosa: a lungo termine, se il sistema sociale complessivo tiene, i prezzi del mercato azionario saliranno. Un po' di sostegno e certamente un po' di umorismo sono necessari, se si vuole seguire la leggenda del mercato azionario André Kostolany. Quest'ultimo diceva già nel XX secolo: "Compra azioni, prendi sonniferi". Sta alludendo al fatto che chi compra azioni dovrebbe pensare a venderle solo dopo qualche anno e preoccuparsi il meno possibile durante questo periodo, perché a lungo termine i prezzi saliranno.

Anche con gli eventi politici, perché questi hanno sempre avuto tensioni in passato e i loro eventi avranno sempre un impatto sul trading sui mercati azionari. Tuttavia, l'altro lato non dovrebbe essere dimenticato, perché le decisioni politiche possono ovviamente anche far salire i prezzi. Diamo un'altra occhiata all'anno 2020, quando la pandemia di Corona ha causato alti e bassi sui mercati dei capitali. Dopo che i prezzi sono scesi rapidamente in marzo e aprile, sono saliti di nuovo in modo massiccio nel corso dell'anno.

Per esempio, i prezzi delle azioni sono schizzati in alto dopo le conferme dell'efficacia di singoli vaccini o anche dopo le mosse politiche verso aperture generali dopo un blocco. Il mercato azionario si muove velocemente e negozia il futuro. Non appena le distensioni sono in vista, ci si aspetta di nuovo un giro d'affari più alto, in definitiva la normalità e questo fa salire i prezzi.

Indici

Ora che hai familiarizzato con alcune informazioni generali sull'industria finanziaria, ci stiamo avvicinando all'argomento principale degli ETF. Per questo, però, bisogna prima essere introdotti ai cosiddetti indici della borsa. Fondamentalmente, gli indici o l'indice rappresentano i cambiamenti o gli sviluppi di certe quantità tra diversi punti nel tempo.
In termini semplici, un indice ti mostra l'andamento delle azioni selezionate per un certo periodo di tempo. Gli indici azionari e obbligazionari possono essere utilizzati come indicatore degli sviluppi di un sottomercato o per rappresentare l'intero mercato, un settore, una regione, una valuta e molto altro.
In un indice, diversi valori azionari o diverse aziende sono mostrati insieme con l'obiettivo di fornire un quadro generale significativo dello sviluppo passato e dello stato attuale sul mercato azionario. La figura chiave risultante è contrassegnata dai cosiddetti punteggi di indice.
Ci sono molti indici diversi sul mercato azionario, che dovrebbero riflettere gli eventi della rispettiva area selezionata. I cosiddetti indici guida forniscono una cifra chiave generale che ha lo scopo di dare una chiara panoramica dei cambiamenti attuali sul mercato. Negli indici principali, di solito sono le aziende più grandi di un particolare mercato ad essere mostrate insieme. Nel gergo tecnico, un tale indice leader è chiamato indice "blue chip". Alcuni paesi hanno il proprio indice principale, che si suppone rappresenti lo sviluppo economico o il ciclo economico del rispettivo paese. Mentre in Germania il DAX30 è l'indice principale, in Europa occidentale l'Euro STOXX, in Giappone l'indice Nikkei, negli Stati Uniti l'S&P 500 o il Dow Jones e in Cina l'Hang Seng operano in Borsa. Le Composite sono considerati indici di blue chip. Questi indici contengono spesso titoli standard della borsa, che di solito sono caratterizzati da una volatilità piuttosto bassa. Tuttavia, le grandi aziende blue chip devono anche fare i conti con una maggiore fluttuazione, soprattutto intorno alle rispettive pubblicazioni durante le cifre trimestrali. In definitiva, sono gli investitori delle singole azioni che sono responsabili degli alti e bassi dei prezzi. Perché sono proprio le fasi di mercato più turbolente, in cui spesso nascono dalle decisioni non razionali e a breve termine degli investitori, questi sono spesso rapidamente dissuasi dalle loro strategie e convinzioni fondamentali, quando sentono parlare di eventi negativi in un'azienda.
L'ampia gamma di scelta offerta dagli indici è dovuta al fatto, che la creazione di un indice non è di esclusiva competenza delle borse, ma è in linea di principio possibile per qualsiasi investitore/rivista o altro emittente di titoli, ecc.

> - **Emittenti:** Un emittente è l'emittente di titoli; nel caso di azioni, questo è di solito la società dietro il titolo. Nel caso delle obbligazioni, tuttavia, è spesso il caso che non solo le aziende ma anche altri enti pubblici, stati o altre istituzioni possano agire come emittenti.

Anche uno sguardo quotidiano alle notizie economiche sui giornali o su internet rende subito chiaro il gran numero di indici esistenti. La diffusione o l'ottenimento dell'attenzione pubblica può avere effetti positivi per il rispettivo indice. Perché allora il sistema funziona in modo simile a qualsiasi altro prodotto pubblicitario e se si promuove un indice, allora aumentano le possibilità che nuovi investitori possano entusiasmarsi per il rispettivo indice. Di conseguenza, i prezzi degli indici possono alla fine aumentare, anche a causa del gran numero di nuovi investitori. Tuttavia, i prezzi non sono solo sotto pressione o salgono rapidamente quando vengono pubblicati i dati trimestrali; anche gli eventi politici possono avere questi effetti.
Se in seguito vuoi guardare il tuo investimento e analizzare la performance passata, esaminare la performance dei rispettivi indici di un settore può fornire un punto di riferimento nella tua analisi.

Borsa valori tedesca

Come hai già imparato, l'indice principale della borsa tedesca è l'indice azionario tedesco, DAX30 in breve. Questo è considerato il più grande indice in Germania e dà una chiara visione della situazione economica attuale in Germania.
La borsa tedesca attualmente progetta, calcola e distribuisce più di 3.000 indici diversi. Per mantenere una visione d'insieme in questo caos, si sono stabiliti in borsa i cosiddetti marchi ombrello, che rendono la borsa un po' più chiara e strutturata. Questi includono il DAX 30, il DAXplus e il DAXglobal. Inoltre, gli indici dei sottostanti intorno al DAX 30, il MDAX e il DivDAX offrono un alto grado di trasparenza e in definitiva, una struttura chiara nel mercato tedesco.
In borsa, il DAXglobal permette agli investitori di partecipare agli sviluppi globali, i cosiddetti mercati emergenti. Il DAXplus, invece, offre agli investitori la possibilità di stabilire il proprio profilo di rischio, rispetto al mercato nel suo complesso. Ciò è dovuto al fatto che quest'ultimo si concentra sulla direzione dei portafogli moderni, basandosi su una combinazione di possibilità innovative di sviluppo ulteriore, includendo indici classici o tradizionali con nuove opportunità di investimento. Sul mercato azionario, tu come investitore sei libero di scegliere tra indici o singole aziende e di aumentare con profitto il tuo denaro. In definitiva, il tuo investimento dovrebbe sempre essere orientato al tuo sistema di valori e al tuo profilo di rischio. Per sostenerti un po' in questa scelta, un capitolo successivo entrerà più in dettaglio sul tema del profilo di rischio.
Ciò che è interessante sapere è che i rispettivi indici sono sempre adattati agli eventi attuali del mercato e quindi, di solito cambiano a intervalli fissi. Questo per contrastare il rischio che vengano incluse nell'indice, anche aziende che non mostrano per molto tempo vere strutture o imprese generatrici di entrate. L'obiettivo della borsa tedesca è sempre quello di orientarsi agli interessi degli investitori e di soddisfare le esigenze del mercato.

Il DAX, per esempio, è stato fondato negli anni '80 e dal 1988 è controllato, calcolato e infine regolato dalla Deutsche Börse (Borsa tedesca). L'indice ha le sue origini in una semplice rivista di borsa e la borsa tedesca associata. A quel tempo, la premessa per un'azienda, per essere inclusa nel DAX 30, era che doveva essere una delle 30 aziende più grandi e soprattutto, con il più alto fatturato in Germania. Quando la borsa di Francoforte ha finalmente incluso l'indice, gli investitori hanno mostrato grande interesse a partecipare. Gli investitori erano entusiasti della gestione chiara e semplice dell'indice. Soprattutto, divenne un po' più facile per i profani partecipare al mercato, poiché non si dipendeva più esclusivamente da presunti esperti delle borse, per poter investire in una società. Comunque, ci sono alcune condizioni aggiuntive che le aziende del DAX 30 devono soddisfare, per essere incluse nell'indice principale tedesco. Questo perché, per esempio, le società devono poi organizzare il loro trading, negli orari di negoziazione della borsa tedesca e generare il loro principale fatturato di azioni in Germania o almeno, avere la loro residenza principale in Germania. Inoltre, hanno stabilito che devono rendere almeno il 10% del loro flottante, cioè il loro capitale azionario totale, disponibile per il libero scambio. Attraverso il sigillo dei cosiddetti "Prime Standards", le aziende del DAX 30 devono essere quotate alla borsa tedesca, che controlla e analizza le rispettive aziende e i loro standard.

Un altro indice importante è il cosiddetto MDAX, che comprende una cinquantina di società azionarie tedesche di medie dimensioni. Tuttavia, anche se molte delle aziende sono attive in Germania, sono generalmente elencate come aziende straniere. La maggior parte delle corporazioni azionarie sono attive nel settore industriale, così che si può certamente avanzare la tesi, che il MDAX è prevalentemente interessato all'ulteriore sviluppo dei titoli industriali di medie dimensioni.

C'è una forte connessione tra il DAX 30 e l'MDAX, perché è successo molte volte in passato che una società è "salita" dall'MDAX al DAX 30. Questo perché le aziende del più grande indice leader in Germania, sono sottoposte a una grande pressione per le loro prestazioni e in ultima analisi, sono anche in concorrenza diretta tra loro. Se un'azienda si indebolisce e perde fatturato o anche capitalizzazione di mercato, è possibile che debba andare nel MDAX. Le società del MDAX sono anche conosciute come società a media capitalizzazione.

Mid cap

Le azioni mid cap sono definite come società di medie dimensioni, dove i rispettivi criteri di dimensione sono basati sulle società per azioni e la loro rispettiva capitalizzazione di mercato. Il valore di mercato azionario di una società è derivato da una formula speciale. Se una società volesse essere inclusa nel MDAX, la rispettiva capitalizzazione di mercato dovrebbe essere compresa tra circa 500 milioni di euro e 2 miliardi di euro.

In generale, l'MDAX è rappresentato in Germania dal 1996 ed è il più noto secondo livello azionario, accanto all'indice di riferimento tedesco. Soprattutto se sei un investitore che è pronto a prendere un rischio un po' più alto nel tuo investimento, un investimento in una società nel MDAX può rivelarsi utile per te. Poiché non sono sotto i riflettori come una società del DAX 30, il potenziale di aumento può essere misurato un po' più alto. Tuttavia, rendimenti più alti sono anche associati a un rischio elevato e soprattutto, come investitore di una società quotata nel MDAX si dovrebbe essere consapevoli di questo. Tuttavia, se sei convinto dell'idea di base o dell'azienda nel suo insieme e prevedi un buon futuro, puoi aspettarti alti rendimenti investendo nell'azienda. Dopo tutto, se l'azienda dovesse arrivare al DAX 30, per esempio, il prezzo delle azioni potrebbe aumentare in modo massiccio. Naturalmente, questo può anche diventare negativo. Le aziende MDAX in particolare sono di solito un po' più specializzate, perché si concentrano sullo sviluppo di prodotti di nicchia. Se ora qualcosa ostacola il prodotto fabbricato a breve termine e l'interesse diminuisce rapidamente, i prezzi delle azioni crollano in modo massiccio. Ma ciò, per i più avversi al rischio tra noi, può essere molto redditizio ed è quindi, abbastanza consigliabile includere singole aziende nel nostro accumulo di beni.

Vale la pena menzionare anche lo SDAX, che si concentra sulle aziende un po' più piccole, che non hanno ancora le dimensioni delle aziende del MDAX. Questo indice contiene aziende di vari settori, che vanno dall'industria ai servizi finanziari. Le cosiddette aziende small cap sono associate a un rischio elevato e dovrebbero quindi, essere trattate con cautela.

Altri indici significativi

Dato che tratteremo l'argomento degli ETF in dettaglio successivamente, ora avrai anche una visione di altri indici, che potrebbero essere di tuo interesse. Nei tempi attuali e nel cambiamento sociale, in cui gli sviluppi tecnologici delle aziende stanno indubbiamente aumentando rapidamente e allo stesso tempo, la questione della sostenibilità è di grande importanza, vale la pena dare un'occhiata all'ÖkoDAX e al TecDAX.

Le aziende dell'ÖkoDAX si concentrano su società che si occupano del tema della protezione ambientale e della produzione di energie rinnovabili. L'obiettivo è quello di sostenere le società per azioni che si concentrano sull'estrazione delle cosiddette fonti di energia sana. L'investitore ha l'obiettivo personale di beneficiare simultaneamente dei progressi nella sostenibilità da vento, biomassa, acqua, sole ecc., mentre allo stesso tempo fa qualcosa di buono.

Soprattutto nel corso dell'anno 2020 e l'inizio della pandemia di Coronavirus, i prezzi di tali aziende sono saliti alle stelle e anche in futuro, probabilmente, verrà assegnata molta attenzione all'argomento. Questo interesse sociale è già diventato noto anche nel settore finanziario, infatti, sempre più aziende stanno cercando di saltare su questo "treno del denaro". Questo è un altro indicatore che l'immagine generale del mondo finanziario sta migliorando, perché investire il proprio denaro in modo redditizio, facendo anche qualcosa per l'ambiente, difficilmente può essere contro gli interessi della gente. In questo contesto, l'ÖkoDAX offre una visione trasparente e liquida delle aziende del settore tedesco che si dedicano alla sostenibilità. Ogni trimestre, la composizione dell'indice viene rivista e vengono effettuati nuovi calcoli, per trovare i rispettivi valori di base delle aziende. In definitiva, le aziende sono costrette a partecipare, se un gran numero di investitori decide di voler promuovere la questione delle energie rinnovabili.

Inoltre, nel mondo di oggi, il settore tecnologico non può essere ignorato. Così, la TecDAX ha un posto assolutamente giustificato nel mondo finanziario e nella borsa. Si basa sui 30 maggiori titoli del settore tecnologico, ma non include esclusivamente aziende tedesche, ma si concentra sul mercato globale. L'obiettivo è quello di rappresentare il settore tecnologico, in modo tale che gli investitori ricevano un quadro olistico dello sviluppo dell'industria.

Durante l'inizio della crisi di Coronaviru, anche i prezzi di questo indice sono scesi rapidamente. Tuttavia, i singoli titoli sono già saliti di nuovo a un nuovo massimo storico. Questo illustra che anche in tempi di crisi, la gente prevede un futuro promettente per le tecnologie e che, nonostante i prezzi già rigogliosi, il percorso verso ulteriori aumenti di prezzo è possibile. Tuttavia, quando si investe in modo concentrato in un singolo settore, gli investitori non dovrebbero mai dimenticare i maggiori rischi che ne derivano.

Perché un'azienda diventa pubblica?

Probabilmente vi sarete già posti questa domanda nei processi precedenti: "Perché un'azienda diventa pubblica?". L'aspirazione di base che le rispettive aziende sperano di raggiungere con una IPO è, nella maggior parte dei casi, di aumentare le proprie risorse. Questo significa, soprattutto, ottenere più capitale per far progredire la propria azienda. Perché rendendo possibile fare nuovi investimenti, un'azienda porta a essere in grado di raggiungere vendite più alte e in definitiva, di solito anche profitti più alti.
Una società diventa una società per azioni rendendo le azioni o i diritti della sua società disponibili per la negoziazione in borsa. Così facendo, l'azienda entra in possesso di nuovo denaro, vendendo queste azioni agli investitori. Questo permette un'ulteriore espansione o ricerca e sviluppo in generale, fornendo all'azienda ulteriori nuove entrate. Allo stesso tempo, gli investitori sperano di aumentare il valore di un titolo acquistandolo. Questo accade perché la comunità degli investitori mostra un'alta domanda per le azioni limitate, il valore dei singoli prezzi si sviluppa positivamente, così la rispettiva azienda sostenuta e l'investitore hanno beneficiato delle azioni.
Alla fine, l'azienda può essere quotata in borsa in Germania e successivamente, può essere scambiata su una delle rispettive piattaforme di trading.

Dividendo

I profitti sperati da molti investitori, che provvedono al loro capitale attraverso l'acquisto di titoli, sono sostenuti dai cosiddetti dividendi. Questo perché le aziende affrontano molta concorrenza sul mercato e alla fine, devono convincere gli investitori a investire i loro soldi nelle loro aziende. Per incoraggiare gli investitori a farlo, alcune aziende pagano i cosiddetti dividendi agli azionisti, a intervalli predeterminati. Le aziende danno agli investitori una parte dei loro profitti o del loro sviluppo.

In questo processo, una proposta giustificata per l'ammontare del pagamento del dividendo viene fatta dal consiglio di amministrazione della società all'assemblea generale annuale. Successivamente, i proprietari e gli investitori votano insieme se l'importo del pagamento è giustificato. Se ora sei dell'opinione che una distribuzione di dividendi molto alta è allo stesso tempo uno sviluppo particolarmente buono di una società, devo deluderti. Perché bisogna sempre guardare lo sfondo dei rispettivi payout e la correlazione tra l'importo del payout e magari, lo sviluppo di una società non è confermata. Questo perché l'azienda perde il capitale e quindi, anche la redditività economica. Inoltre, i dividendi sono spesso inclusi in aziende che sono attive in settori che non corrispondono più all'attuale zeitgeist sociale, motivo per cui, ad esempio, vengono spesso pagati dividendi elevati nell'industria petrolifera. Questo settore riceve sempre meno attenzione e allo stesso tempo i dividendi aumentano regolarmente. Questo non parla esattamente di un sano sviluppo di una società per azioni o di un'industria.
Tuttavia, non bisogna assolutamente dubitare dell'idea della cosiddetta strategia di value investing, perché ci sono naturalmente anche aziende che hanno una sana relazione, tra il loro sviluppo e i dividendi distribuiti. Un solido dividend yield è di solito tra il 2 e il 3 per cento annuo. Nel migliore dei casi, l'azienda paga queste azioni dal profitto che riceve quell'anno. Allora si chiama un profitto aziendale sostenibile, perché l'azienda paga una parte del suo profitto, ma può usare il resto per un ulteriore sviluppo ed espansione. Anche alcune leggende del mercato azionario come Warren Buffet si sono affidate alla strategia del value investing per diversi decenni, traendo regolarmente profitto dalle distribuzioni di dividendi. Fondamentalmente, si fa una distinzione tra "accumulare" e "distribuire" titoli.

Titoli ad accumulazione

Non farti confondere dalla terminologia, in definitiva questo significa semplicemente che il profitto generato non viene pagato ai singoli investitori, per esempio sotto forma di dividendo. La società lo conserva per far progredire ulteriormente lo sviluppo dell'azienda.

In definitiva, l'investitore non sperimenta meno il proprio profitto, poiché questo è semplicemente nascosto nei rispettivi prezzi del titolo. Questo si traduce in significativi vantaggi fiscali, soprattutto nel caso di accumulo di attività a lungo termine, di cui gli investitori beneficiano. Infine, le aziende che reinvestono hanno, a volte, anche un piccolo vantaggio competitivo, poiché possono reinvestire tutti i loro profitti rispetto alle aziende che distribuiscono, non essendo rallentate dai payout.

Distribuzione di titoli

Tuttavia, la distribuzione di titoli può anche portare vantaggi per te come investitore. Fondamentalmente, ha senso pensare in anticipo a una strategia che dovrebbe essere rispettata nel modo più coerente possibile. Per noi investitori, può essere molto piacevole nella vita di tutti i giorni, se traiamo profitto dai nostri investimenti entro periodi di tempo fissi, ricevendo regolarmente qualcosa dai profitti di una società.
Questo può mettere in moto l'effetto di un reddito passivo per te, senza essere distratto dalle tue strategie degli investimenti che hai fatto. In un'azienda sana, anche il pagamento dei profitti non ha un effetto negativo diretto sugli affari quotidiani. In particolare, con le aziende molto grandi, si tratta più di espansione e ampliamento, rispetto alle aziende più piccole o a quelle per le quali il futuro non riserva troppe speranze.

Panoramica delle classi di attività

La seguente sezione ha lo scopo di ampliare la tua conoscenza di base, oltre alla comprensione delle classi di investimento o di attività disponibili per la negoziazione in borsa. Perché sui mercati dei capitali speculativi c'è un'enorme varietà di titoli diversi e alcune ulteriori possibilità su come potresti investire i tuoi soldi. Questo porta spesso a una grande incertezza tra i nuovi arrivati sui mercati azionari, soprattutto all'inizio. Molti si sentono così sopraffatti, che rimandano sempre di più la loro entrata e alla fine, lasciano il loro accumulo di ricchezza nelle banche attraverso i conti classici e non redditizi. Comprendere il quadro generale è anche di grande valore, ma richiede una conoscenza di base per osare entrare nei mercati. Fondamentalmente, un investimento o una classe di attività sono intesi come uno specifico segmento di attività, in cui gli investitori possono investire il loro denaro. La complessità di questa varietà può essere semplificata in classi di attività classiche e alternative.

Classi di attività classiche

La classe di attività più utilizzata in Germania è ancora il tradizionale **deposito di risparmio** presso le rispettive banche domestiche. Questo è spesso aperto presso banche o altri istituti di credito e mantenuto per tutta la vita. Ciò perché i depositi di denaro di solito, non sono limitati con una durata fissa e almeno in passato, erano giustificabili per i clienti in termini di costi in relazione al servizio ricevuto. A causa della protezione esistente dei depositi dei beni privati e delle norme di sicurezza generalmente elevate, i depositi di risparmio hanno prevalso in passato. Da non dimenticare, tuttavia, è che a causa dei limiti di prelievo giornaliero e altre misure di sicurezza, anche la liquidità soffre un po' per i clienti. Probabilmente il più grande fattore per cui sempre più persone stanno cambiando è il cambiamento dell'interesse pagato ai clienti sui loro depositi di risparmio. Perché mentre in passato si poteva far crescere il denaro nel proprio conto di risparmio in modo relativamente redditizio, i tempi sono cambiati in questo senso. Come già sai, a causa delle politiche di tasso zero, tu come cliente non puoi aspettarti alcun profitto dai depositi di risparmio. Al contrario - a causa dell'inflazione annuale di quasi il 2%, il tuo denaro perde valore. Quindi, lasciare il denaro intatto sul conto bancario, probabilmente, non avrebbe senso a lungo termine.

Dato che non vogliamo prolungare inutilmente la portata di questo capitolo, ci concentreremo ora sulle altre due classiche classi di attività, che sono state utilizzate da un numero relativamente grande di persone per un certo tempo.

Di conseguenza, le **obbligazioni** sono una delle principali classi di attività classiche, che sono state utilizzate con profitto dagli investitori per qualche tempo. Fondamentalmente, le obbligazioni sono strumenti di debito a tasso fisso, che di solito sono emessi per un lungo periodo di tempo e contengono un periodo di tempo contrattualmente fissato. Questo contratto specifica il riscatto, cioè la liquidazione dell'obbligazione.

Questo può variare e può riferirsi a importi mensili o annuali. Le obbligazioni sono spesso emesse sotto forma di prestiti, per il prefinanziamento della costruzione di una casa o cose simili. In generale, le obbligazioni si riferiscono di solito a somme di denaro un po' più alte, con un orizzonte di investimento a lungo termine.

Nel frattempo, anche le **azioni,** con le quali hai familiarità, sono diventate una delle classiche classi di attività. Un'azione è un titolo in forma certificata, che garantisce alcune azioni di una società per azioni con l'acquisto. Quando si acquista un'azione in una società, di solito si diventa comproprietari e a seconda del tipo di azione, si ricevono alcuni diritti, come il diritto di voto all'assemblea generale annuale. In linea di principio, le azioni individuali comportano un rischio relativamente alto per i loro investitori, in modo che l'acquirente dovrebbe essere già consapevole di questa forma di investimento più rischiosa con l'acquisto.

Classi di attività alternative

Le classi di attività alternative potrebbero, in linea di principio, rivendicare un libro proprio. In questa sezione, ci concentreremo solo sulle tre più comuni nella pratica quotidiana. Cominciamo con l'asset class degli **immobili**, che sta attirando molta attenzione, soprattutto in Germania. I prezzi stanno andando alle stelle e i portafogli degli investitori stanno suonando a giubilo. In borsa, anche tu come investitore hai la possibilità di partecipare alla classe di attivi con somme di denaro più piccole. Per esempio, si può partecipare tramite un fondo immobiliare e alla fine, anche attraverso i rispettivi aumenti di valore e il co-reddito a lungo termine. Ci sono i cosiddetti fondi immobiliari chiusi, che funzionano fino a quando una quantità predeterminata di denaro è stata raccolta, così gli investitori possono partecipare al finanziamento di un tale terreno. Inoltre, c'è anche la possibilità di investire i propri soldi in un fondo immobiliare aperto, in questo caso non c'è un limite o un obiettivo che deve essere raggiunto dagli investimenti. Fondamentalmente, entrambe le forme cercano di ottenere profitti a lungo termine.

Un'altra asset class è quella delle **materie prime**, che ha sempre avuto un posto fisso nella storia del trading nelle borse. Si può fare una distinzione approssimativa tra i cosiddetti hard e soft commodities. Mentre le hard commodities sono beni che possono essere estratti, come il rame o il gas naturale, le soft commodities sono beni che possono essere coltivati, come la soia o il cotone. Fondamentalmente, il secondo gruppo comprende anche il bestiame, che può anche essere scambiato in borsa. Per la maggior parte, il trading nelle borse viene effettuato mappando le materie prime in un indice e solo molto raramente con investimenti diretti. Infine, vale la pena dare un'occhiata a una classe di attività attualmente estremamente volatile. Stiamo parlando dei cosiddetti **nuovi prodotti finanziari,** che sono particolarmente popolari tra gli investitori più giovani. Spesso mostrano una maggiore disponibilità ad assumere rischi rispetto agli investitori più anziani, cosa di cui hanno bisogno anche in questa classe di attività. Questo perché i nuovi prodotti finanziari comportano spesso alti profitti, ma anche potenziali perdite. Questa volatilità deriva dalla formazione del valore e del prezzo dei prodotti, che è molto legata alla domanda delle offerte. Spesso gli investimenti, le aziende o i loro prodotti non hanno un reale valore equivalente, ma valgono tanto quanto gli investitori sono disposti a pagare. Probabilmente si sente parlare più spesso nei media delle cosiddette criptovalute, come il bitcoin. Questo e molti altri appartengono a questa classe di attività.

Tuttavia, soprattutto i nuovi investitori tra di noi dovrebbero trattare i nuovi prodotti finanziari con maggiore attenzione, di quanto non stiano facendo alcuni altri attori del mercato azionario. Il futuro, anche delle più grandi criptovalute, è ancora inesplorato e quindi, più incerto di altri sistemi valutari e classi di attività. Per saltare comunque sul carrozzone, potrebbe anche avere senso per te, dedicare una parte più piccola del tuo patrimonio o capitale d'investimento ai nuovi prodotti finanziari.

Fino a questo punto, hai ricevuto una solida base in termini di conoscenza del mondo della finanza. Tuttavia, non dovresti mai dimenticare che il futuro è scambiato in borsa e non è possibile per te come investitore, non essere aggiornato. Dovresti costantemente rinfrescare le tue conoscenze e rimanere sempre "aggiornato". Per alcuni di noi questo probabilmente suona un po' intimidatorio all'inizio, ma ora veniamo alla parte incoraggiante. Perché ci sono anche modi sul mercato azionario che ti permettono di partecipare, anche senza un'enorme quantità di conoscenze di base. Ci sono opportunità d'investimento che si possono realizzare molto passivamente, senza sviluppare un grande svantaggio rispetto ad altri investitori. Non rimandare più la creazione di ricchezza e inizia. Ricorda l'effetto esponenziale dell'interesse composto e beneficia di un orizzonte di investimento a lungo termine.

Fondi di investimento e ETF

In questo capitolo ci occuperemo di una strategia d'investimento piuttosto passiva, che è particolarmente adatta per gli indecisi tra noi, per i principianti o per l'accumulo di beni a lungo termine. Ti saranno presentate due opzioni di investimento categoricamente diverse, che possono essere congiuntamente responsabili della realizzazione dei tuoi obiettivi a lungo termine, attraverso i tuoi investimenti nel mercato azionario.

Motivi per iniziare a costruire la tua ricchezza

La definizione dei tuoi obiettivi è uno dei punti più importanti di cui dovresti essere consapevole, prima di iniziare a investire. Perché questo dovrebbe essere incluso nel tuo profilo di rischio successivo e nell'importo generale dell'investimento. In linea di principio, il trading in borsa è adatto a una vasta gamma di persone e alle loro esigenze. Tuttavia, sia la tolleranza al rischio scelta che l'orizzonte d'investimento giocano un ruolo decisivo.

Solo tu stesso puoi definire le tue ragioni per costruire il tuo patrimonio, perché mentre una persona vuole una protezione esterna per la propria vecchiaia, un'altra mira a comprare la sua nuova auto. La base di ogni investimento può essere fatta passo dopo passo in borsa; la cosa buona è che questo è già possibile con piccole quantità di capitale. Fondamentalmente, però, ognuno di noi vuole la sicurezza finanziaria per i tempi peggiori o la sicurezza generale. Questo può essere ottenuto con un orizzonte di investimento a lungo termine, anche con pochi soldi.

Le opzioni di investimento passivo stanno diventando sempre più popolari, perché non ci si deve occupare attivamente dell'accumulo di beni. Le due forme di investimento più popolari sono: i fondi di investimento e gli exchange traded funds (ETF). Ora daremo un'occhiata più da vicino a questi, così alla fine, potrai scegliere quello che è giusto per te.

Fondo d'investimento

Pensa a un fondo d'investimento come a una grande pentola di denaro. Il patrimonio del fondo è raccolto attraverso il capitale, più gli investimenti degli investitori, poi viene affidato al fondo. Quindi, il fondo ha a disposizione un capitale più grande, il che di solito ha un impatto positivo sulla sua influenza sul mercato. L'intenzione degli investitori e del fondo è ora che il denaro sia investito con profitto in borsa e quindi, l'offerta di denaro aumenta a lungo termine.

In linea di principio, il fondo può decidere in quali classi di attività investire il denaro. Tuttavia, tu come investitore hai l'opportunità di influenzare proprio questo, quando selezioni il tuo fondo e puoi scegliere il tuo fondo in base ai tuoi valori e desideri. Poi hai anche la possibilità di specificare se il fondo deve investire in una particolare classe di attività, come azioni, indici, materie prime, immobili o secondo concetti definiti.

I fondi progettati in modo sostenibile sono molto popolari, soprattutto tra gli investitori più giovani, essi stanno beneficiando del boom del mercato in questo settore. La responsabilità per gli investimenti effettuati e in ultima analisi, anche per la performance delle attività è dei rispettivi gestori di fondi. Tuttavia, ci sono diversi altri dipendenti che lavorano in un fondo, come i cosiddetti analisti. Si occupano dell'analisi delle opportunità di investimento, anche delle aziende in cui il fondo investe. I gestori del fondo sono responsabili delle decisioni prese alla fine, compreso il cosiddetto ribilanciamento. Questo perché il fondo mette insieme un portafoglio di investimenti nel tuo conto titoli. Se un singolo valore si sviluppa meglio di altri, è importante controllare a intervalli regolari se il portafoglio deve essere riequilibrato, aggiustando di nuovo i valori alla ponderazione pianificata precedentemente determinata. Questo era un po' di gergo tecnico in due righe, quindi, ora chiariremo le incertezze e chiariremo la terminologia. Tuttavia, qui otterrai prima alcune informazioni generali, alle quali si farà riferimento in modo più dettagliato nei capitoli successivi.

- **Conto Titoli**: Si tratta di un conto speciale autorizzato o legittimato per la negoziazione in borsa. Come investitore, puoi negoziare prodotti finanziari su un conto titoli, cioè comprare e vendere titoli. Il conto titoli funge da luogo in cui sono raccolti i prodotti finanziari acquistati e dove è possibile visualizzare le attività di trading passate.

- **Portafoglio**: Si può pensare a questo come a un luogo dove vengono raccolti tutti i tuoi investimenti e gli investimenti fatti. Così, per esempio, il tuo portafoglio può includere il tuo conto titoli, la tua casa o anche una collezione di francobolli. L'obiettivo è sempre quello di poter tenere traccia di tutti i tuoi investimenti.

- **Riequilibrio** e diversificazione del rischio: i singoli termini sono altamente interdipendenti. Nel contesto della finanza, la diversificazione è intesa come la distribuzione del tuo capitale di investimento attraverso diverse opportunità di investimento. Ogni classe di attività ha diversi fattori di rischio, che devono essere presi in considerazione. L'obiettivo è quello di mantenere basso il proprio rischio nel portafoglio complessivo, distribuendo il proprio patrimonio di investimento in classi di attività o almeno, in diversi titoli di società in caso di perdite elevate di singole società. Il riequilibrio è un importante effetto collaterale delle strategie di investimento gestite attivamente. Soprattutto, coloro che hanno un orizzonte di investimento a lungo termine, dovrebbero adeguare i valori individuali del loro portafoglio a intervalli fissi alle loro quote percentuali complessive, determinate prima degli investimenti. I valori delle singole aziende si sviluppano sempre in modo diverso e quindi, queste azioni cambiano.

Per non perdere di vista la ponderazione delle quote percentuali del portafoglio, gli azionisti devono ri-gestire regolarmente i loro portafogli e se necessario, riequilibrare il loro patrimonio.

Sai già dal capitolo sulle classi di attività che ci sono diversi tipi di fondi, che possono essere fondamentalmente divisi in fondi chiusi e aperti. Tuttavia, ci sono diverse altre forme interessanti di fondi d'investimento, che potrebbero giocare un ruolo per te. Per rendere questa selezione un po' più facile per te, ecco una breve panoramica di altre forme di fondi. Cominciamo con il **fondo del mercato monetario**, che si concentra principalmente su investimenti fruttiferi con una scadenza relativamente breve. Se come investitore vuoi un breve orizzonte di investimento di circa un anno, questo tipo di fondo potrebbe avere senso per te. Fondamentalmente, il solo mercato tedesco ti offre più di 80 diversi fondi del mercato monetario, in cui puoi investire i tuoi beni per un breve periodo di tempo. La maggior parte di questi investimenti riguarda la fornitura di capitale alle banche. Questo significa che tu fornisci il denaro a un certo fondo, che poi passa il capitale messo in comune in grandi somme a un acquirente all'ingrosso, come una banca commerciale che riceve una commissione per questo. Vale la pena notare che avete solo un rischio molto basso di una possibile perdita del tuo investimento, ma il ritorno è anche piuttosto basso. Il vantaggio è il basso rischio, oltre al breve periodo di investimento.

Per i più avversi al rischio, potrebbe avere senso investire in **fondi azionari**, che sono il più grande gruppo di fondi non solo in Germania ma in tutto il mondo. Questi sono così popolari tra gli investitori, proprio perché la società di fondi fornisce la diversificazione e quindi, anche la diversificazione/minimizzazione del rischio per i suoi clienti. Allo stesso tempo, agli investitori viene offerta la prospettiva di rendimenti relativamente alti, che derivano da aumenti dei prezzi delle azioni o per esempio, dal pagamento dei dividendi.

Tuttavia, come investitore, dovresti dare un'occhiata dettagliata al rispettivo fondo e scoprire in anticipo in quali settori, aziende, paesi o aree generali il rispettivo fondo investe il capitale. In generale, i fondi azionari comportano rischi un po' più elevati, perché i prezzi possono prendere una piega negativa, soprattutto in tempi di crollo del mercato azionario o problemi simili. Tuttavia, con ogni anno di investimento, la probabilità di registrare perdite complessive con il tuo investimento diminuisce.

Nel mondo di oggi, un **fondo obbligazionario** potrebbe anche avere senso per molti di noi. Questo sta già ricevendo molta attenzione ed è diventato il secondo gruppo di fondi più popolare in Germania. Qui, gli investitori investono in titoli fruttiferi, come obbligazioni societarie o governative con varie scadenze. Il reddito da interessi e dividendi, che il rispettivo fondo registra, è usato per lo più per pagare o sovvenzionare gli importi della pensione delle persone.

I rischi dei fondi obbligazionari sono anche generalmente piuttosto bassi e offrono rendimenti medi nel processo. Soprattutto per gli investitori un po' più conservatori tra di noi e quelli con un orizzonte di investimento un po' più lungo, questo tipo di fondo potrebbe avere senso.

Inoltre, anche gli investitori con poco capitale possono guadagnare sul **mercato immobiliare.** Conosci già la distinzione tra fondi chiusi e aperti. In generale, il settore finanziario è cambiato in modo massiccio in seguito alla crisi del 2008, che ha colpito in modo particolarmente duro il settore immobiliare. Da allora, i prezzi sembrano andare alle stelle e il co-reddito e i valori delle singole proprietà sono molto redditizi per i proprietari. Si consiglia di avere un periodo di investimento a lungo termine di almeno cinque anni.

Infine, diamo un breve sguardo al **fondo misto del** mercato finanziario. Questo rappresenta un fondo combinato dagli altri fondi e cerca di catturare i rispettivi vantaggi dei singoli settori, traendone profitto in modo combinato. Tipi di investimento come materie prime, immobili, titoli fruttiferi, azioni e molti altri sono inclusi nella strategia di investimento del fondo, da cui si spera di ottenere una varietà di opportunità di guadagno. A partire da un orizzonte d'investimento di tre anni, il rischio rispetto ai rendimenti sperati può essere considerato in una proporzione ragionevole per gli investitori.

In generale, i fondi d'investimento sono molto popolari tra gli investitori ed è per questo che esamineremo di nuovo brevemente i vantaggi e gli svantaggi dei fondi.

Vantaggi e svantaggi di un fondo d'investimento

I fondi possono essere particolarmente adatti agli investitori più giovani, ma anche per quelli che non hanno alcuna esperienza con il mercato azionario e rimandano sempre la costruzione di un patrimonio. Perché alcune persone hanno grandi incertezze su quale sia l'opzione di investimento migliore per loro e non riescono a iniziare.

Il fatto di agire in modo relativamente passivo in un fondo dal punto di vista dell'investitore e che il lavoro principale, in termini di supporto attivo, è assunto dai dipendenti del fondo e dai loro manager, ciò significa che alcuni ostacoli vengono rimossi per gli investitori. Di conseguenza, la quantità di tempo richiesta è relativamente bassa, perché soprattutto per quanto riguarda l'analisi indipendente delle aziende, una parte del lavoro viene eliminata per te. In definitiva, tu come investitore benefici dell'esperienza e della rete del fondo e puoi quindi, creare un ingresso relativamente sicuro nel mercato azionario. Soprattutto per quelli di noi che hanno solo bassi tassi di risparmio mensili, il fondo può anche essere un modo sensato per investire il vostro denaro in varie classi di attività, con un'ampia diversificazione e una gestione attiva in modo relativamente sicuro.

Tuttavia, nel caso di un fondo d'investimento, il rendimento per gli investitori è fortemente influenzato dai costi di transazione, dovuti per questa e altre commissioni che sono necessarie per l'uso delle strutture del fondo. In questo contesto, bisogna fare i conti con il fatto che la rispettiva società che gestisce e cura il fondo e il suo patrimonio non offre il servizio gratuitamente. Generalmente, un fondo incorrerà tra il 2 - 3 per cento di commissione verso la società. Questo è giustificato, se il fondo batte un indice comparabile dei rispettivi settori per questa differenza di commissioni. Naturalmente, un fondo non sempre ci riesce e allora i gestori del fondo sono chiamati a rendere conto della performance sul mercato azionario. Un altro svantaggio dei fondi d'investimento, è che non possono reagire in modo così flessibile ai movimenti di mercato a breve termine, come può fare un trader o un singolo azionista. Questo perché le decisioni di agire in borsa devono sempre passare attraverso determinate procedure di approvazione e livelli di sicurezza, solo allora vengono attuate.

I motivi per cui abbiamo affrontato ampiamente il tema dei fondi comuni di investimento è che gli investimenti dei fondi dovrebbero sempre battere l'indice del loro rispettivo settore. Fondamentalmente, gli esperti del mercato azionario hanno capito presto, che la performance di un fondo rispetto al rispettivo indice è anche preziosa. Dopo tutto, se le attività dei fondi gestiti attivamente devono competere con la performance fondamentale di un settore, potrebbe avere senso per alcuni evitare le commissioni relativamente alte di un fondo comune. Questa fu la nascita degli ETF - i cosiddetti exchange traded funds.

Fondi scambiati in borsa

In termini semplici, gli ETF sono fondi d'investimento passivi, che possono essere scambiati in borsa in modo simile alle azioni e ad altri titoli. La maggior parte degli ETF non hanno una durata limitata e mirano a seguire la performance generale di un indice sottostante. Ciò significa, che l'ETF si occupa della riproduzione di un indice o cerca di riprodurlo il più esattamente possibile. In Germania, le prime opportunità per gli investitori, di investire il loro capitale in un indice mappato sono sorte nel 1990.

Una delle leggende assolute del mercato azionario, André Kostolany, ha già espresso in passato l'importante priorità dell'ampia distribuzione del proprio capitale sul mercato azionario. Gli investitori ottengono questa cosiddetta diversificazione, acquistando un investimento in un indice. In definitiva, la forma d'investimento degli ETF si è affermata da tempo sui mercati dei capitali, come asset class e sta affrontando una domanda estrema. Le ragioni che circondano gli ETF sono estremamente complesse, perché oltre ad essere un'opzione di investimento a basso costo, offrono agli investitori un'opzione trasparente e liquida. Questi vantaggi sono stati notati da tempo dai grandi investitori istituzionali e nel passato prossimo, soprattutto da un numero sempre maggiore di investitori privati.

Qui, le basse commissioni di un ETF sono dovute al fatto che non devi pagare alcun supplemento di emissione quando li acquisti e le commissioni all-in sono molto basse. Offrono un grado molto alto di liquidità e possono essere scambiati su base continuativa, come con un piano di risparmio, ma di questo parleremo più avanti. In generale, gli investitori possono comprare e vendere gli ETF in modo flessibile e veloce, ovviamente durante gli orari di apertura delle rispettive borse. L'alto livello di trasparenza è garantito dalla pubblicazione costante del cosiddetto "valore patrimoniale netto indicativo" (iNAV). Questo descrive l'andamento giornaliero del valore di un ETF, con l'indice di riferimento sottostante.

ETF - diversificazione per il portafoglio

Per ogni investitore nelle borse, l'allocazione del proprio denaro è di grande importanza, per mantenere i rischi di perdite il più basso possibile. Le opzioni di investimento degli ETF offrono anche opportunità ottimali per i nuovi arrivati nel mercato dei capitali, per fornire il proprio conto titoli con un alto grado di diversificazione.

Per esempio, gli investitori possono trarre profitto dalla performance del DAX30, selezionando un ETF che traccia questo indice. Allo stesso tempo, sfuggono al rischio che un valore di queste 30 aziende più grandi e importanti in Germania, cambi bruscamente in negativo. Questo rischio esiste quando l'investitore investe tutto ciò che possiede in un unico valore. Questo significa che non solo i grandi investitori istituzionali hanno l'opportunità di possedere un portafoglio di investimenti ampiamente diversificato, ma anche noi investitori privati con un portafoglio piuttosto piccolo. La distribuzione del proprio capitale investito in diverse classi di attività o altre forme di investimento, significa che i rischi di perdite elevate sull'investimento di denaro sono notevolmente ridotti. Infatti, l'ampia distribuzione equilibra le fluttuazioni abbastanza forti dei valori di prezzo individuali e quindi, riduce la volatilità dell'intero portafoglio. Allo stesso tempo, alcuni investitori che cercano di diversificare da soli, sperimentano una crescente perdita di visione d'insieme degli investimenti che hanno fatto. In definitiva, questa gestione attiva del portafoglio, cioè l'aggiunta e la rimozione di singoli titoli, viene tolta. Poiché la diversificazione è data dagli ETF, anche se si investe in diversi di essi allo stesso tempo, il numero totale di titoli diversi è significativamente inferiore in relazione alla diversificazione data.

L'alto livello di trasparenza che la forma d'investimento degli ETF comporta dovrebbe essere un grande punto a favore degli investitori. Dopo tutto, ci sono migliaia di prodotti finanziari diversi e promettenti tra cui scegliere sui mercati dei capitali. Tuttavia, alcuni investitori ignorano una delle più importanti regole di base del mercato azionario, vale a dire che loro stessi non possono capire o comprendere gli investimenti che hanno fatto.

La storia degli exchange traded fund

- L'emergere degli ETF ci riporta agli anni '70 negli Stati Uniti d'America. All'epoca, i primi esperti riconobbero il vantaggio, probabilmente elevato, delle opportunità di investimento passivo attraverso la semplice mappatura di un intero indice in un titolo.

- Alla fine, l'istituzione statunitense di servizi finanziari "Wells Fargo" ha lanciato il primo fondo indicizzato nel 1971. Mentre all'inizio era riservato esclusivamente agli investitori istituzionali, per investire in questa opportunità di investimento, cinque anni dopo anche gli investitori privati sono stati legittimati a commerciare in fondi indicizzati.

- Nel 1993, la borsa ha seguito l'esempio e il primo fondo indicizzato scambiato in borsa è stato creato, nacque così il primo "vero" ETF. A quel tempo, l'offerta è stata inizialmente accolta con scetticismo, ma questo è stato rapidamente superato e l'investimento passivo e i prodotti finanziari hanno avuto una grande crescita.

- Nel 2000, la borsa tedesca ha poi lanciato il primo ETF europeo sulla sua piattaforma di trading elettronico Xetra.

- Lo sviluppo o la creazione di altri ETF ha accelerato rapidamente, così che oggi è possibile per gli investitori in Germania scegliere tra oltre mille diversi ETF. Gli ETF hanno smesso da tempo di concentrarsi esclusivamente sull'inseguimento mirato degli indici, ma permettono anche il trading in classi di attività come obbligazioni, materie prime, certificati, derivati e la possibilità di investire nei mercati emergenti.

Il mondo degli ETF

Costi

Il mercato azionario sta subendo una massiccia trasformazione, in particolare a causa della pandemia di Corona. Questo cambiamento era già in corso prima della crisi globale ed è stato accelerato dalla generale digitalizzazione e modernizzazione del settore finanziario. Ora, durante la pandemia, alcune persone hanno deciso che vogliono coprire la loro situazione finanziaria a lungo termine. Perché durante la crisi di Covid, sono sorte grandi preoccupazioni per la propria sicurezza, mentre la crisi e le paure per il futuro riguardo alla propria previdenza per la vecchiaia sono cresciute sempre di più.

La conseguenza è un grande aumento di nuovi investitori, che è diventato particolarmente estremo tra i giovani sotto i 40 anni. Di conseguenza, ci sono sempre più nuovi arrivati nel mercato azionario, la maggior parte dei quali ha poca conoscenza del trading sui mercati dei capitali. Per quanto riguarda gli ETF, questo ha anche alcune gravi conseguenze. Colpiscono per la loro gestione semplice, la trasparenza e i bassi costi. Gli investitori possono trarre profitto dal mercato azionario anche con un basso livello di conoscenza e con un livello di rischio accettabile, poiché i rispettivi ETF portano con sé un buon livello di diversificazione. Soprattutto per quanto riguarda i costi generali sostenuti nel trading, gli ETF si comportano molto bene e i costi totali spesso ammontano a solo il 2%. Al contrario, il trading con altre opzioni di investimento, come titoli o fondi di investimento attivi, può incorrere in commissioni e altri costi fino al cinque per cento.
Gli ETF non comportano quasi nessuna tassa di amministrazione o costi di gestione; solo gli editori dell'indice, cioè gli emittenti, richiedono un piccolo pagamento di tasse per il piccolo, ma esistente sforzo per la rispettiva amministrazione. Questo include anche i diritti di licenza in corso e altre spese di marketing, che sono comunque complessivamente molto basse.

Nel mondo finanziario, un cosiddetto total expense ratio (TER) è sempre specificato per i prodotti finanziari ETF. Questi sono inclusi in aggiunta ai costi correnti e sono in media lo 0,34% annuo in Germania. Queste commissioni sono calcolate pro-rata, su ogni singolo giorno di negoziazione e sono automaticamente dedotte dal rispettivo patrimonio di un fondo o ETF. Quanto è alto il rispettivo TER per un ETF può essere trovato nel foglio informativo corrispondente o con l'aiuto dei rispettivi numeri di identificazione su vari siti web, come borse-frankfurt.de. Ciò che non dovresti mai sottovalutare, quando calcoli i tuoi costi sono i costi fissi o abituali di scambio in relazione al tuo broker. Questi variano a seconda del fornitore della rispettiva banca depositaria. Per non trovarti in difficoltà al momento di scegliere il vostro broker, tratteremo questo argomento in modo più dettagliato in un capitolo successivo.

Trasparenza e liquidità

Questo sta diventando sempre più importante per gli investitori in questi giorni, perché chi non vuole sapere dove sta andando il suo denaro? I fondi d'investimento, in particolare, hanno spesso grossi deficit rispetto a un ETF. Perché lì, le rispettive partecipazioni dell'intero portafoglio sono divulgate solo alla fine di un trimestre.
Nel caso di un ETF, invece, la rispettiva composizione del fondo indicizzato viene annunciata quotidianamente e i dati di negoziazione, come i prezzi e il volume generale degli scambi vengono anche visualizzati su vari siti web e borse, al fine di poter offrire la massima trasparenza possibile. Inoltre, il rispettivo valore patrimoniale netto indicativo, iNAV in breve, di un ETF è calcolato almeno una volta al minuto.
L'importanza di un'alta liquidità spesso non viene compresa, specialmente dai nuovi arrivati nel mercato azionario, ma gioca un ruolo importante nel trading quotidiano. Se investi in un ETF con un alto livello di liquidità, sarai in grado di vendere i tuoi componenti nel tuo portafoglio molto rapidamente, se necessario.
Se la liquidità è molto bassa, la ricerca di un compratore delle proprie azioni è un po' più lunga. Poiché la maggior parte degli ETF sono negoziabili in borsa, un alto livello di liquidità è normalmente garantito per questi.

Sicurezza e distribuzione dei rischi

Già sai molto sull'alta diversificazione che è disponibile con un ETF, rispetto agli investimenti diretti in azioni. Sono anche spesso più ampiamente diversificati rispetto ai fondi d'investimento, poiché un fondo gestito attivamente di solito si concentra su un minor numero di azioni individuali. Con gli ETF, il rischio di perdite elevate è quindi, inferiore e ci sono innumerevoli possibilità di conciliare i diversi interessi degli investitori.

Per esempio, gli investitori particolarmente conservatori possono prendere in considerazione un ETF come l'MSCI World, che traccia oltre 1500 valori azionari o società individuali e quindi, riduce quasi al minimo il rischio di perdite davvero elevate. Per quanto riguarda la protezione del tuo denaro, non hai nulla da temere con un ETF, perché l'emittente del fondo indicizzato deve contabilizzare l'ETF come patrimonio speciale. Così, non c'è il cosiddetto rischio emittente, in caso di insolvenza del tuo fornitore, il tuo investimento di capitale è quindi, da trattare separatamente e gli investitori non hanno una perdita totale, i beni sono garantiti, per così dire.

Inoltre, la stragrande maggioranza degli ETF non ha una durata di investimento limitata o fissa, in modo che gli investitori non hanno alcun rischio di reinvestimento, cioè non devono rientrare in una data successiva e ad un costo maggiore "per poter ancora partecipare".

Metodi per la mappatura di un indice

Affinché un ETF segua l'indice sottostante nel modo più accurato possibile, vengono utilizzati vari metodi di tracciamento. Di seguito, esamineremo i due metodi più comunemente usati.

Metodo di scambio

In generale, uno swap è un accordo contrattuale in cui si scambiano flussi di pagamento predefiniti in un momento futuro. Nel caso di uno SWAP ETF, le attività di un fondo sono investite in qualsiasi titolo ecc. (portafoglio sottostante), poi viene concordato uno swap con un partner, ad esempio una banca.

In pratica, questo ha la conseguenza che la performance del portafoglio sottostante dell'ETF viene scambiata con la performance dell'indice da seguire. Attraverso la combinazione dello swap e del portafoglio sottostante, la performance dell'ETF viene replicata molto accuratamente.

Metodo di replica completo

Inoltre, c'è anche il metodo di replicare completamente gli ETF. Qui, le azioni dell'indice sottostante vengono acquistate secondo la rispettiva ponderazione dell'indice. In pratica, questo significa che un ETF completamente replicante, per esempio del DAX30, contiene esattamente i 30 valori delle azioni. Se qualcosa cambia nell'indice, l'ETF che replica completamente cambia uno a uno.

Tuttavia, affinché il rispettivo fondo indicizzato sia in grado di reagire a questi movimenti del mercato, è necessaria anche una riserva di liquidità relativamente alta, per poter reagire rapidamente ai cambiamenti del mercato.

Negativi e rischi degli ETF

Ora che hai imparato molto sui lati positivi e i vantaggi di un ETF, ora guarderemo i lati opposti. Perché come qualsiasi altra classe di attività, gli ETF hanno anche diversi svantaggi e fattori di rischio.

Prima di tutto, gli investitori in un ETF non hanno la possibilità di partecipare alla rispettiva assemblea generale annuale di una società. Così si elimina anche il diritto di avere voce in capitolo in un'azienda e nelle sue attività di azione. Immagina di investire i tuoi soldi nell'MSCI World e poi partecipare a più di 1500 assemblee generali annuali dopo - ciò è semplicemente irrealistico.

Diamo ora un'occhiata a uno degli svantaggi più gravi di un ETF, che è rappresentato dal metodo SWAP. Un cosiddetto rischio di controparte si presenta con il partner di scambio dell'emittente. Se la controparte fallisce, l'ETF perde la sua controparte responsabile della mappatura e quindi, non può reagire alle attività in borsa.

In linea di principio, è anche possibile che se si investi in ETF molto piccoli di una certa nicchia, si perde il vantaggio dell'alta liquidità, perché di regola, questi hanno significativamente meno riserve di liquidità di un ETF di nicchia. La ragione principale è che un fondo gestito attivamente, vuole reagire molto rapidamente in caso di prezzi in rapido calo e se necessario, acquistare ulteriori azioni di società o cogliere l'opportunità di aggiornare la ponderazione del portafoglio.

Inoltre, si dice che gli ETF favoriscano anche rapide perdite di prezzo in tempi di crisi. Quando i prezzi scendono e alcuni investitori incassano il loro capitale investito, le azioni delle società di fondi scendono insieme a loro. Tuttavia, sono obbligati a vendere le loro azioni a perdite di prezzo precedentemente determinate. Questo crea una spirale verso il basso e una rapida vendita di azioni, ma bisogna aggiungere che questo può accadere, in linea di principio, anche con qualsiasi altra classe di attività ed è probabilmente più di un rischio generale sui mercati dei capitali.

Pianificare il proprio accumulo di ricchezza attraverso gli ETF

Il tema del rischio

Altri modi per ridurre il rischio di perdita

Sempre più persone in Germania stanno diventando consapevoli che si possono perdere soldi sul mercato azionario, ma che ci sono anche vari modi per limitare le perdite o ridurre il rischio. Tuttavia, c'è il rischio del mercato, che difficilmente si può influenzare, perché il mercato azionario è frenetico e in rapido movimento. Così, in un giorno i valori possono svilupparsi positivamente e nei giorni successivi si possono avere perdite, alcune delle quali sono maggiori. Come investitore, tuttavia, puoi diversificare fortemente il tuo portafoglio in modo che le fluttuazioni diminuiscano un po'.

Un altro fattore importante, oltre alla diversificazione del tuo investimento e del tuo portafoglio complessivo di cui sei già a conoscenza, è il periodo di tempo del tuo investimento. Possiamo imparare molto dal passato, perché non importa a che punto hai investito in un ETF, come l'MSCI World, hai sempre ottenuto un profitto con un orizzonte di investimento di 15 anni.

Investire in un ETF azionario può quindi, essere associato a un rischio piuttosto basso, soprattutto per gli investitori più giovani tra voi o quelli con un orizzonte di investimento a lungo termine. Quindi, se hai un capitale a cui non hai bisogno di accedere nel futuro a medio termine, gli ETF potrebbero essere molto interessanti per te, anche come investitore molto cauto.

Crea il tuo profilo di rischio

In questa sezione, ci occuperemo della creazione del proprio profilo di rischio, la cosiddetta asset allocation. L'obiettivo è quello di scoprire la propria capacità di sopportare il rischio, per elaborare la propria strategia di investimento personale per gli ETF e l'ulteriore accumulo di patrimonio.

Fondamentalmente, bisogna essere consapevoli che quando si acquistano titoli, si includono immediatamente diversi rischi. Quando si considera il rischio, sorgono in noi umani vari effetti che non ci permettono più di percepire le fluttuazioni dei prezzi in modo oggettivo, ma attaccano il nostro benessere individuale ed emotivo. Secondo il rinomato consulente finanziario Rick Ferri, la tolleranza al rischio di una persona si riflette in "quali fluttuazioni e perdite puoi sopportare, prima di cambiare il tuo comportamento". Quando si entra nel mercato azionario, non solo si impara molto sul mondo finanziario e su come costruire la propria ricchezza, ma si deve anche capire sé stessi e la propria soglia del dolore. L'obiettivo è quello di scoprire la propria capacità di sopportare il rischio - cosa ci fanno i guadagni e le perdite di prezzo, cosa scatenano e quante perdite siamo disposti a prendere.

Fondamentalmente, devi pensare all'allocazione dei tuoi beni - l'asset allocation. Questo è in definitiva l'attuazione della tua strategia di investimento e una componente importante, che può essere responsabile del tuo successo o fallimento sul mercato azionario.

All'inizio, devi pensare a quale parte del tuo denaro dovrebbe essere parcheggiata solo su investimenti senza rischio e quale parte del tuo patrimonio vuoi investire in investimenti rischiosi. Qui, la parte a basso rischio rappresenta la tua ancora di sicurezza, che dovrebbe darti una sicurezza di base sui tuoi investimenti. In cambio, la parte rischiosa è destinata a generare i profitti, cioè ad ottenere il massimo rendimento possibile.

La **parte senza rischio è** destinata, per esempio, a compensare in qualche modo la volatilità del tuo deposito e a ridurre le fluttuazioni di valore. In linea di principio, però, c'è anche un rischio di perdita su queste attività, dato che la maggior parte dei conti di call money o di deposito a tempo in Germania, sono garantiti da depositi fino a 100.000 euro. Naturalmente, si potrebbe anche tenere il proprio denaro in contanti, ma allora ci sarebbero rischi di furto e simili. Inoltre, i cosiddetti titoli di stato potrebbero anche essere considerati tra la parte senza rischio. Qui, tuttavia, dovresti concentrarti su paesi con un alto rating di credito e per esempio, evitare obbligazioni non sicure come la Grecia.

Nella tua **quota rischiosa,** si tratta ora di raggiungere i rendimenti. Nel fare ciò, si raccomanda anche di far dipendere la propria propensione al rischio, dalla propria situazione di vita attuale. Se non riuscissi a orientarti, potresti usare come guida una vecchia regola empirica della borsa che dice: 100 - la tua età = la quota rischiosa in percentuale. Se ora hai 30 anni, per esempio, la formula sarebbe: 70 per cento di quota rischiosa e 30 per cento di quota a basso rischio. In definitiva, devi decidere da solo con quale quota rispettiva ti senti a tuo agio e puoi gestirla bene. Perché bisogna sempre tenere conto della situazione attuale della vita. Se devi soddisfare obblighi di base come mutui, figli, ecc., dovresti includere anche questo nel tuo accumulo di beni. Una volta che hai deciso una strategia, inizia. Devi acquisire la tua esperienza sul mercato azionario ed è consigliabile agire in modo più conservativo all'inizio. In ogni caso, dovresti mettere in discussione la tua strategia borsistica 1-2 volte all'anno e se necessario, ripensare anche la tua gestione del rischio. Attraverso la tua esperienza, farai anche i conti con le incertezze del mercato azionario e imparerai come i prezzi in forte calo influenzeranno il tuo benessere generale.

Quanto denaro si dovrebbe investire nel mercato azionario?

Gli investitori nel mercato azionario dovrebbero essere consapevoli del proprio profilo di rischio, prima di iniziare i loro investimenti. Prima di iniziare il tuo investimento, dovresti essere fondamentalmente consapevole del tuo obiettivo per l'accumulo di ricchezza. Solo tu puoi decidere quanto denaro vuoi investire nel mercato azionario. Tuttavia, il mercato dei capitali offre ora anche la possibilità di partecipare con una quota minore.
Mentre una volta si consigliava agli investitori, di investire in azioni individuali solo a partire da un importo di quattro o cinque cifre, questo è cambiato molto. Con i grandi progressi fatti attraverso la digitalizzazione, è ora possibile per gli investitori diventare attivi con molti broker, per appena un euro. Inoltre, un gran numero di emittenti e broker online è emerso nel recente passato, da cui gli azionisti e soprattutto, i piccoli investitori traggono grande beneficio. Questo perché sempre più fornitori si orientano verso i desideri dei clienti, offrendo condizioni sempre più favorevoli per gli investitori.
Il fatto è che non si dovrebbe passare troppo tempo a pensare, se il tasso di risparmio scelto è sufficiente o se vale già la pena iniziare. L'importante è che ti senta a tuo agio con il tuo rispettivo importo di investimento e che sei ancora protetto in caso di perdita totale. Per questo, è consigliabile mettere da parte dei soldi e non toccarli mai. L'idea di un gruzzolo è stata a lungo accettata nell'industria finanziaria, per cui alcuni esperti finanziari raccomandano di costruirne uno e di avere una copertura di base per ogni evenienza. Come regola, le raccomandazioni si riferiscono a circa 2 - 4 stipendi netti, ma devi decidere da solo dove vuoi attingere la tua rispettiva protezione.

- **Piano di risparmio & interesse composto:** La cosa buona per noi investitori, è che possiamo partecipare al mercato azionario anche con piccoli importi di risparmio. Anche nel caso di perdite pesanti, queste sono probabilmente più sopportabili che se doveste perdere tutta la vostra casa. Soprattutto per le somme più piccole, è consigliabile costruire un capitale di base con l'aiuto di un piano di risparmio. A tal fine, la maggior parte dei fornitori offre strumenti individuali, con cui è possibile implementare un tale piano. Un piano di risparmio compra quindi, un titolo specifico o una frazione di esso in modo completamente automatico.

Come investitore, devi determinare in anticipo l'importo del risparmio e l'intervallo in cui deve essere effettuato. Puoi regolare individualmente il rispettivo importo della somma di risparmio. Inoltre, l'intervallo di solito può essere regolato in modo flessibile, in modo che il tuo compito principale, sia quello di impostare gli ordini permanenti corrispondenti. In questo modo, si può trarre profitto dal mercato azionario anche con un piccolo borsellino e beneficiare di vari effetti a lungo termine, come l'effetto di interesse composto o l'effetto costo medio.

- **Effetto costo medio:** con l'effetto costo medio, gli investitori possono aumentare i loro rendimenti pagando regolarmente in un piano di risparmio. L'effetto avviene attraverso il pagamento o l'acquisto regolare di azioni o frazioni di azioni, ETF o titoli a reddito fisso. Poiché tu, come investitore, compri le tue azioni a volte a prezzi più bassi e a volte a prezzi più alti, il risultato di un piano di risparmio è che ricevi un prezzo medio. Se investi tutto il tuo capitale d'investimento in un titolo in una sola volta, il rischio di ricevere un prezzo d'entrata povero è alto. Dividendo il tuo capitale e comprando in momenti diversi, ottieni un prezzo di acquisto più economico in media, rispetto a un investimento unico potenzialmente costoso. In definitiva, si evita anche il rischio di comprare ad alti valori di prezzo e tu, come investitore, non stai nemmeno cercando di raggiungere "il momento perfetto" o qualcosa del genere.

Inoltre, l'effetto dell'interesse composto può così partire anche con somme d'investimento piuttosto piccole. Se, per esempio, hai un capitale piuttosto scarso ma vuoi fare qualcosa di buono per i tuoi figli e risparmiare loro un importo fisso ogni mese, possono accedere a una somma considerevole dopo qualche tempo.

Ecco un piccolo esempio di calcolo:

Se risparmi 50 euro al mese per ciascuno dei tuoi due figli in un ETF come l'MSCI World, molto conservatore, se questo ETF generasse un aumento annuo dei prezzi del 7%, avrai versato un totale di 24.000 euro dopo 20 anni. Una somma considerevole, certo, ma ogni bambino ora ha 24.597 euro. Sì, è vero, il tuo investimento totale è raddoppiato e i 12.000 euro versati per bambino sono diventati quasi 25.000 euro. È possibile ottenere gli effetti dell'interesse composto, combinando l'effetto della media dei costi con un piano di risparmio. La parte difficile è di solito iniziare e mantenere le unità a lungo termine. Se hai la resistenza, il sangue freddo e la costanza, sarai ricompensato a lungo termine.

Se poi i tuoi figli continuano a risparmiare 50 euro ciascuno nel piano di risparmio per altri 20 anni, ogni figlio avrebbe versato 24.000 euro. Questo significa che dopo 40 anni, i bambini riceveranno 199.781 euro ciascuno. Naturalmente, questo è probabilmente solo un calcolo velleitario, ma come investitore con un orizzonte di investimento di 40 anni, si può guardare avanti a rendimenti relativamente sicuri, anche tenendo conto delle crisi future.

In definitiva, alcune scuse di investitori timidi o incerti sono ora eliminate e la strada è libera per iniziare. Inoltre, soprattutto quando si acquistano azioni di un ETF ampiamente diversificato, è possibile ottenere la tanto ricercata diversificazione e ridurre notevolmente il rischio di perdite. Attraverso il piano di risparmio, puoi beneficiare di un trading completamente automatizzato e puoi quindi, investire il tuo denaro in modo completamente passivo sul mercato azionario e godere del vostro accumulo di ricchezza a lungo termine.
Per poter impostare un piano di risparmio, è necessario un conto titoli autorizzato presso un broker. Per investire nel mercato dei capitali speculativi, gli investitori hanno bisogno di un cosiddetto conto di compensazione, su cui poi si può impostare il rispettivo piano di risparmio. In linea di principio, puoi anche sospendere una volta il rispettivo tasso di risparmio o il suo intervallo, ma l'effetto medio dei costi ne risente.
È quindi consigliabile scegliere un tasso di risparmio che si è sempre in grado di pagare, ma il piano di risparmio ha ancora alcuni vantaggi, come questa alta flessibilità. Tutti i proventi dei tuoi titoli, come gli interessi e i dividendi ricevuti, sono regolati sul tuo conto di compensazione. Inoltre, puoi anche visualizzare le transazioni e le attività passate su questo conto. Con molti fornitori, i clienti hanno solo la possibilità di depositare e prelevare denaro dal proprio conto al conto di compensazione. Da un lato, questo limita un po' il trading o l'accesso più veloce al proprio denaro, ma dall'altro lato, offre una maggiore sicurezza e l'eventuale accesso al rispettivo conto da parte di un estraneo non è possibile.

Trovare il giusto ETF

Ora veniamo alla vera pratica del trading o dell'accumulo di ricchezza sul mercato azionario, risparmiando per gli ETF. Scegliere il giusto ETF è una questione più complessa, quando si tratta del mercato dei capitali. La scelta è enorme e ci sono molte informazioni disponibili per gli investitori, come vari rapporti e altre cifre rilevanti. Vorremmo ora togliere l'incertezza che molti investitori hanno all'inizio e rendere la vostra selezione un po' più facile con l'aiuto dei criteri più importanti.

Per cominciare, affronteremo il tema del volume di un fondo ETF. Quando si tratta di questo argomento, la regola generale è che più grande è il volume del fondo, più affermato è il rispettivo ETF sul mercato. In generale, un ETF con un valore caratteristico o un volume di fondi di circa cento milioni di euro è considerato grande. Per gli emittenti del rispettivo fondo, più grande è l'ETF, più è redditizio. Tuttavia, noi come investitori beneficiamo anche del volume di fondi più alto possibile, poiché questo di solito riduce anche i costi o le commissioni. Di solito, viene effettuata una fase di test per determinare la domanda di un fondo ETF e se non si accumula come previsto, può essere ritirato di nuovo dal mercato. Il denaro dell'investitore è sempre protetto e ci sono varie scadenze di diverse settimane; quindi, c'è abbastanza tempo per ridistribuire il denaro investito. Ma non preoccuparti, anche gli ETF più piccoli con un volume di fondi inferiore possono ottenere profitti abbastanza redditizi, tuttavia, per i principianti nel trading di ETF è sufficiente trattare con quelli più grandi.

Come investitore, dovresti fare attenzione ai costi e alle commissioni di un ETF, perché è qui che si possono nascondere i piccoli giazzisti di rendimento. Confrontare gli ETF che hanno fondamentalmente lo stesso indice può essere utile in questo caso, poiché le commissioni dietro di loro possono variare da emittente a emittente. I costi di un ETF derivano dai rispettivi costi di transazione per l'acquisto e la vendita delle quote, il Total Expense Ratio (TER), che ti è già familiare, più lo spread come fattore di prezzo.

In linea di principio, i fornitori di ETF offrono anche i cosiddetti factsheet. Su queste schede, gli investitori possono vedere i costi annuali totali di un particolare ETF. Questi costi consistono nelle commissioni che il fornitore di ETF prende direttamente dal rispettivo volume del fondo, per coprire i propri costi. Lo spread è la differenza tra il prezzo di offerta e il prezzo di domanda. In linea di principio, questo varia molto e può essere significativamente più alto, quando è al di fuori delle ore ufficiali di trading di una borsa o nei giorni festivi e nei fine settimana.

Conosci anche un altro fattore, che si riferisce al tipo di distribuzione del rispettivo fondo. Questi possono essere di accumulo o di distribuzione. Come investitore, dovresti prendere in considerazione le tue preferenze e i tuoi interessi quando scegli il tuo ETF. Un altro fattore di influenza che puoi prendere in considerazione, quando scegli il tuo ETF è la posizione del tuo ETF. Questo è chiamato il domicilio del fondo e puoi scoprire dove il tuo ETF è stato emesso, tramite il rispettivo International Securities Identification Number (ISIN). Per un gran numero di ETF, l'Irlanda e il Lussemburgo hanno prevalso per gli emittenti. Questo perché il primo offre vantaggi fiscali e il secondo offre vantaggi per gli investitori istituzionali. In generale, l'importanza del domicilio del fondo per gli investitori europei sta aumentando.

Tutto sulle tasse

Alcune persone hanno grandi problemi e sicuramente paure, quando si tratta di tasse. Questo arriva al punto che ci sono persone che vogliono evitare di investire nel mercato azionario per questo motivo, perché non vogliono affrontare le tasse che devono essere pagate. Questo sta però cambiando, perché le regole di base da seguire nel trading giornaliero di azioni sono relativamente semplici e sono completamente raccolte dalla maggior parte dei fornitori di conti di deposito tedesco, in modo che tu, come investitore, non abbia a che fare con tutto questo. Se hai un conto di deposito estero, la situazione è un po' diversa, ed è per questo che vorremmo dare un'occhiata più da vicino all'argomento qui sotto.

Fondamentalmente, le tasse sono costituite da tre componenti diverse e ammontano a un totale di circa 26,375%, più la rispettiva tassa sulla chiesa, che varia da stato federale a stato federale.

La quota maggiore è la cosiddetta tassa sui guadagni di capitale, con il 25 per cento. Questo è determinato da un tasso forfettario e non varia. Questa è sempre dovuta quando viene generato un reddito da investimento e viene chiamata ritenuta alla fonte. Nel nostro caso, deriva, per esempio, dal reddito degli investimenti sui nostri rispettivi conti titoli o con i nostri broker. In linea di principio, questo viene effettuato direttamente lì e noi, come investitori, non abbiamo a che fare con una dichiarazione dei redditi.

Il prossimo è il supplemento di solidarietà con una quota del 5,5%. Questo è stato criticato per anni, ma è ancora valido. Questa quota è dovuta sul 25 per cento dell'imposta sulle plusvalenze appena descritta ed è quindi, l'1,375 per cento.

L'ultima componente è la cosiddetta tassa sulla chiesa, che ogni membro di una comunità religiosa deve pagare. Questa ammonta all'8 per cento in Baviera e Baden-Württemberg e al 9 per cento nei restanti stati federali, sull'imposta sui guadagni di capitale dovuta in ogni caso. Questa tassa è generalmente dovuta sugli interessi, i dividendi e le plusvalenze realizzate. Tuttavia, le persone con un profitto piuttosto basso hanno la possibilità di ricevere un'indennità per i propri investimenti di capitale, attraverso l'importo della pausa del risparmiatore.

- **L'ordine di esenzione:** Il forfait dei risparmiatori fornisce agli investitori un importo di esenzione, in modo che non debbano pagare le tasse sul loro reddito da investimento, su un importo fino a 801 euro all'anno. Nel caso di un'unione civile registrata o di coppie sposate, questo importo esentasse è di 1602 euro all'anno.

Si applica il cosiddetto principio dell'afflusso, il che significa che i guadagni di capitale sono dovuti quando sorgono. Come investitore, devi presentare un cosiddetto ordine di esenzione al tuo rispettivo broker. Nella maggior parte dei casi, questo è possibile tramite una semplice domanda online. Ciò significa che le tasse nell'area esente da imposte non vengono nemmeno riscosse, ma vengono direttamente compensate con la somma forfettaria aperta. Se si dimentica di impostare questo con il tuo broker, hai la possibilità di ottenere il denaro indietro dall'ufficio delle imposte, attraverso la sua dichiarazione dei redditi. Tuttavia, lo sforzo richiesto è significativamente più alto che con l'ordine di esenzione.

Per le persone a basso reddito tra di noi e per gruppi speciali, come gli studenti, è possibile ottenere un **certificato senza valutazione.** Per alcune persone, l'imposta sui guadagni di capitale è più alta dell'aliquota marginale personale pagata sul reddito.
Il certificato compensa questo e può essere richiesto presso i rispettivi uffici fiscali. Il certificato permette di evitare di pagare l'imposta sulle plusvalenze.
Nel 2019, il cosiddetto **forfait anticipato** è stato creato in modo da ripristinare l'equilibrio fiscale, tra la distribuzione e l'accumulo di fondi o ETF. Quest'ultimo era di grande vantaggio nel caso degli ETF, dove la deduzione fiscale veniva fatta solo quando il reddito veniva realizzato. Questo ha portato al cosiddetto effetto di differimento, che, rinviando i pagamenti dell'imposta fino alla realizzazione del reddito, ha portato effetti positivi o benefici per gli investitori, attraverso l'effetto di interesse composto. Questo effetto è contrastato dal tasso forfettario anticipato, che è limitato dal fatto che si applica solo se è inferiore al rispettivo aumento di valore del fondo, per il quale è calcolato. Ciò significa che, gli ETF che non ottengono aumenti di prezzo o che non registrano perdite hanno il vantaggio di non incorrere in un forfait anticipato, cioè in un prelievo fiscale. Fondamentalmente, il tasso fisso anticipato è calcolato dall'aumento del valore del fondo, una quota del tasso di base della Bundesbank e la rispettiva esenzione parziale, che dipende dal tipo di fondo specifico. Si noti che il tasso forfettario anticipato funge da base per il calcolo della tassazione, ad esempio, degli ETF reinvestiti.
In linea di principio, le detrazioni fiscali per l'accumulo di ETF sono ancora molto basse nonostante l'anticipo del tasso forfettario, pertanto sono abbastanza attraenti per gli investitori a lungo termine. Gli investitori tra noi, che sono molto interessati ad un investimento ottimizzato dal punto di vista fiscale, dovrebbero considerare la combinazione di ETF a distribuzione e ad accumulazione. Questo perché l'ordine di esenzione ci permette di ricevere ogni anno un reddito da fondo esente da tasse ed è per questo che dovresti cercare di farne pieno uso. Con alcuni broker, è anche possibile reinvestire il reddito degli ETF distribuiti direttamente in modo automatico.

Conclusione sulle tasse e gli ETF

Affrontare il tema sgradevole delle tasse in una fase iniziale, può avere un effetto molto positivo sullo sviluppo del tuo portafoglio o sul rendimento a lungo termine. In sintesi, l'imposta sulle plusvalenze è del 25 per cento, a cui va aggiunta la sovrattassa di solidarietà dell'1,375 per cento ed eventualmente, l'imposta ecclesiastica. Questo è dovuto su tutte le plusvalenze realizzate, così come i dividendi e gli interessi. L'imposta viene trattenuta, come una cosiddetta ritenuta d'acconto, direttamente dal fornitore del tuo deposito. Tuttavia, attraverso il cosiddetto ordine di esenzione, è possibile ricevere un importo annuale esente da tasse di 801 euro. Nel caso degli ETF ad accumulazione, è dovuto un importo forfettario anticipato, che attualmente può ancora avere un effetto di differimento per gli investitori, a causa del tasso di interesse di base generalmente basso. Quindi, è possibile per gli investitori intelligenti trarre profitto dalla combinazione di accumulare e distribuire ETF e allo stesso tempo, risparmiare tasse.

Il deposito

Ora sai già che per fare trading in borsa hai bisogno di un conto speciale, che sia legittimato per le transazioni di titoli. Hai bisogno di un cosiddetto conto titoli, per poter comprare e vendere prodotti finanziari in borsa. Al giorno d'oggi ci sono diversi fornitori per questo, questi sono chiamati broker.
Così, chiunque voglia partecipare al mercato dei titoli deve affrontare all'inizio la selezione di un fornitore di deposito. Questo conto creato è poi responsabile della custodia dei tuoi titoli, cioè tutte le quote di azioni, obbligazioni, fondi, ecc. sono conservate in modo sicuro. Conosci già le differenze tra i fornitori di banche filiali e banche dirette. In pratica, le banche dirette spesso operano come i cosiddetti broker online o neo broker.
La differenza è che le banche hanno una licenza bancaria e i broker non sono autorizzati a gestire i conti da soli. Per questo motivo, con un broker si riceve sempre il conto titoli in combinazione con un conto di compensazione presso la banca partner associata del fornitore. I conti titoli devono quindi essere emessi da banche e sono, generalmente, soggetti alla supervisione finanziaria in Germania. Il conto di deposito è l'interfaccia tra gli investitori e il mercato finanziario e dà agli investitori l'accesso ai prodotti finanziari. Mentre in passato le persone andavano di persona nella loro filiale bancaria, per gestire i loro titoli e a volte avevano bisogno di diversi giorni per le attività in borsa, oggi i conti titoli sono per lo più gestiti online e permettono di prendere decisioni rapide con poco preavviso. Allo stesso tempo, i sistemi digitali sono caratterizzati da un alto livello di sicurezza e grazie all'amministrazione fiduciaria, le azioni continueranno ad essere disponibili e garantite, anche se il fornitore fallisce. Con la maggior parte dei conti titoli, c'è un altro conto, il cosiddetto conto di riferimento, sul quale vengono addebitati e versati gli importi per il commercio dei titoli. Da questo conto, i rispettivi profitti possono essere pagati al conto corrente o di compensazione collegato. Questo vale anche per tutti i redditi da dividendi e altri redditi da investimento. Inoltre, il tuo conto titoli online ti offre sempre la possibilità di seguire le tue attività di trading in borsa e fornisce un modo flessibile per commissionarle e regolarle.
Fondamentalmente, devi essere preparato a pagare qualcosa per il servizio che il broker ti offre. Tuttavia, i costi totali sono in costante diminuzione in passato, perché i broker sono costretti ad abbassare sempre di più i prezzi con una concorrenza relativamente grande tra di loro. Così, gli alti costi di transazione dei tempi passati sono storia, infatti, sempre più fornitori rendono il loro servizio disponibile gratuitamente.

Infine, dovresti scegliere tu stesso il tuo broker, a seconda dei tuoi bisogni e interessi. Fondamentalmente, dovresti pensare prima al servizio a cui dai molta importanza, cioè se vuoi risolvere le tue preoccupazioni con i consulenti del tuo conto titoli di persona, digitalmente o per esempio, semplicemente tramite una chat. Se ti è chiaro che vuoi scambiare solo ETF, puoi escludere tutti i fornitori che si concentrano sul trading di azioni individuali. In linea di principio, si può anche risparmiare molto denaro su altri servizi, per esempio non utilizzando una piattaforma internet. Se, per esempio, è sufficiente l'uso dell'app di un broker, alla fine lo si noterà anche nelle commissioni complessive e negli altri costi.

Il tema del risparmio

Adesso arriviamo a uno degli argomenti più importanti per te e per il tuo accumulo di ricchezza. Conosci anche i forti effetti a lungo termine dell'inflazione annuale e la conseguente perdita costante del valore del tuo denaro. Inoltre, ci sono le disposizioni per la pensione e la protezione generale per i tempi peggiori, motivo per cui al giorno d'oggi ognuno dovrebbe occuparsi per tempo della propria accumulazione di beni e quindi, affrontare anche il tema del risparmio. Per questo motivo, diamo uno sguardo alle tue abitudini di vita e alle tue fonti di reddito e di spesa.
Fondamentalmente, per cominciare, ha senso che tu ne prenda coscienza e faccia un confronto, per scoprire come si basano le correlazioni nei tuoi conti.
Una volta fatto questo, ci rivolgiamo alle fonti dei guastafeste e cerchiamo di interrogare criticamente l'uno o l'altro cambiamento nelle tue abitudini di vita, le fonti di spesa e di verificare se ci sono soluzioni adeguate e più economiche.
Prima di tutto, tratteremo un argomento poco attraente, che però può avere un grande impatto su di noi, nel corso della nostra vita. Stiamo parlando di polizze assicurative, dove molte persone hanno problemi a scegliere quelle giuste per loro e a gestirle in modo sensato. Specialmente quando si tratta di assicurazioni, alcune persone pensano subito ai classici agenti assicurativi che controllano ogni anno i contratti in corso, per trovare costi o tasse elevate.
In linea di principio, non è dannoso consultare un esperto e fare un'analisi dei bisogni in situazioni di vita eccezionali o simili, ma questo non è più necessario nel mondo di oggi. Semplificando, si può dividere il tema dell'assicurazione in due categorie diverse, l'assicurazione della proprietà e l'assicurazione personale. L'assicurazione della proprietà copre i rischi di danneggiamento o distruzione degli oggetti, come l'assicurazione della responsabilità civile, della casa o dei veicoli a motore. L'assicurazione personale, d'altra parte, copre certi rischi nella vita personale. In altre parole, si tratta di un'assicurazione per proteggersi dai problemi finanziari dovuti a un incidente, una malattia o una morte. Le assicurazioni personali più comuni includono l'assicurazione malattia, infortuni e invalidità professionale.

In linea di principio, c'è una buona struttura delle cosiddette assicurazioni obbligatorie in Germania, che sono prescritte dalla legge. Oltre all'assicurazione sanitaria, questi includono, per esempio, l'assicurazione pensionistica legale per i dipendenti o l'assicurazione di responsabilità civile, per i proprietari di veicoli. Uno sguardo all'assicurazione obbligatoria più importante per noi: l'assicurazione sanitaria. Questa si divide in assicurazione sanitaria pubblica e privata. Mentre nel primo caso questa viene pagata direttamente dal salario lordo del dipendente, come parte dei contributi di sicurezza sociale, è un po' diverso per le persone assicurate privatamente, cioè molto ricche o lavoratori autonomi. Devono registrarsi presso una compagnia di assicurazione, per avere la copertura delle cure mediche di base in caso di malattia. Tuttavia, non c'è un grande potenziale di risparmio in questo caso. Fondamentalmente, ha senso controllare i costi totali attuali con la tua assicurazione sanitaria, una volta all'anno, in un portale di confronto e se necessario, cambiare se ci fossero servizi comparabili a condizioni più economiche.

Tuttavia, ci sono buone opportunità per te di risparmiare un po' di soldi sull'assicurazione RC auto. Questo è fondamentalmente diviso in assicurazione completamente completa, parzialmente completa e di responsabilità civile. È consigliabile andare in un'officina e discutere con il personale di tua fiducia e quale assicurazione vi consiglierà in base alla sua esperienza. Allora dovresti fare le tue ricerche e confrontare diversi fornitori di assicurazioni. Spesso, i fornitori di assicurazioni danno anche premi di cambio o simili, in modo che il confronto e il successivo cambiamento avranno un effetto positivo sul vostro portafoglio! In generale, ha senso stipulare un'assicurazione completa per un'auto nuova, mentre una copertura parziale è solitamente sufficiente per un'auto usata.

Ci sono molti altri rischi che minacciano la tua esistenza e contro i quali dovreste essere assicurato. Fondamentalmente, l'assicurazione di responsabilità civile privata è indispensabile, essa offre una grande protezione contro i danni finanziari derivanti da un comportamento autoinflitto. Qui, da un lato, sono coperti i danni alle persone causati da azioni non intenzionali, ma dalle proprie azioni colpose. Se non ce l'hai e danneggi accidentalmente una persona che poi ha bisogno di cure mediche, dovrai pagare queste spese. Sono proprio questi costi di cura, che spesso portano a situazioni di emergenza economica e l'assicurazione è quindi, indispensabile. Inoltre, ci sono alcuni assicuratori che non assicurano ogni persona individualmente, ma per esempio, un'intera famiglia a costi molto bassi.

Infine, diamo uno sguardo più da vicino all'assicurazione per l'invalidità professionale. Questo è raccomandato per alcune persone. Soprattutto coloro, che dipendono dalla loro capacità lavorativa generale nel loro lavoro quotidiano, dovrebbero avere questa assicurazione. Dopo tutto, se non puoi più fare il tuo lavoro, hai bisogno di una disposizione finanziaria di base. Fondamentalmente, devi sapere che si fa una distinzione tra l'invalidità da guadagno e l'invalidità professionale. La prima fa parte dell'assicurazione sociale e la seconda offre una protezione finanziaria attraverso l'assicurazione d'invalidità. Questa paga una pensione di capacità di guadagno ridotta in caso di malattie che, a causa di un incidente o di un'altra malattia mentale, le impediscono di continuare a lavorare. La differenza con l'invalidità professionale è che in quest'ultimo caso, si potrebbero fondamentalmente svolgere altre attività in altri campi professionali, anche se con restrizioni. Secondo l'Associazione tedesca del settore assicurativo (Deutsche Versicherungswirtschaft e. V.), una persona su quattro in Germania soffrirà di una disabilità professionale nel corso della sua vita. Le cause più comuni sono le malattie mentali come il burnout, la depressione o la psicosi. Lo svantaggio di questa assicurazione è che è relativamente costosa, in termini di costi mensili. Fondamentalmente, dovresti interrogare le tue attuali polizze assicurative, almeno una volta all'anno sui portali di comparazione e nella maggior parte dei casi, sarai ricompensato per questo sforzo attraverso un risparmio finanziario.

Ma ci sono altri modi, oltre alle polizze assicurative delle persone, in cui è possibile risparmiare denaro. Un altro grande mangiatore di soldi in questi giorni sono i contratti per smartphone e internet. Oggigiorno, molte persone già pagano alte somme mensili per il lusso di un telefono cellulare molto moderno, in combinazione con contratti costosi. In linea di principio, l'utilità di uno smartphone è anche fuori discussione, perché al giorno d'oggi portano con sé alcuni grandi vantaggi. Da tempo hanno smesso di funzionare solo per telefonare o comunicare con altre persone. Sono stati a lungo utilizzati per raccogliere varie informazioni e per l'intrattenimento generale. Il posto dei telefoni cellulari è stato stabilito da tempo e siamo disposti a pagare somme elevate per averli. Tuttavia, le cose sono cambiate in passato, così la digitalizzazione ha reso possibile l'uso di reti WLAN gratuite in quasi tutti i luoghi pubblici e nelle città. Il volume di dati, spesso pagato a caro prezzo, è ancora pienamente utilizzato da pochissime persone. Con l'aiuto di varie app, puoi vedere il tuo consumo di dati, ma molte persone probabilmente non noteranno nemmeno che il volume di dati nel loro contratto potrebbe essere ridotto un po'. Ma a lungo termine, un risparmio di, diciamo, dieci euro al mese si nota nel portafoglio. Questo è l'obiettivo di questa sezione: sfruttare il margine di manovra negli oggetti che usate nella vita quotidiana e risparmiare così somme considerevoli ogni mese, in modo abbastanza semplice e senza limitarti o cambiare nulla in generale.

A lungo termine, questo sarà molto evidente nel tuo accumulo di ricchezza, a causa dell'effetto di interesse composto e simili – sai già quanto si può ottenere a lungo termine anche con, diciamo, 50 euro al mese. Soprattutto quando si acquista l'attrezzatura, si può spesso risparmiare con poco sforzo e senza svantaggi. Sono adatte a questo le piattaforme specializzate, che si occupano della riparazione dei guasti nei singoli dispositivi, li riparano e li ripropongono a basso costo, ma spesso con garanzie paragonabili ai dispositivi dei negozi che conosciamo. Inoltre, alcuni commercianti offrono anche beni B in vendita, che di solito hanno solo graffi o difetti minimi, ma sono completamente funzionali nel complesso. Informati presso il tuo Internet provider e chiedilo attivamente. Inoltre, ha sempre senso rescindere i contratti esistenti a tempo debito, al fine di ricevere eventualmente offerte più interessanti per lo stesso servizio - simile a un bonus fedeltà, i fornitori hanno sempre un margine di manovra, che dovrebbe essere sfruttato. Inoltre, spesso ha senso combinare il tuo internet a casa, con il tuo contratto di telefonia mobile. In questo modo, l'Internet provider può beneficiare di maggiori entrate attraverso la fornitura di Internet e nella maggior parte dei casi, i bonus possono essere pagati per questo, in modo che anche i costi mensili possano essere risparmiati rapidamente.
Un'altra fonte potenziale dove è spesso molto facile risparmiare, sono gli abbonamenti a vari servizi. I modelli di abbonamento per Netflix, Amazon Prime, Sky e simili si sono affermati da tempo. Siamo spesso disposti a pagare caro per le opzioni di intrattenimento e paghiamo somme mensili relativamente alte, per abbonamenti che a volte sono poco utilizzati. Interrogarsi sul senso dei singoli abbonamenti e occuparsi delle loro linee guida. Spesso è possibile, per esempio, condividere legalmente un account con altri e quindi, semplicemente risparmiare senza perdere il servizio.
Infine, dovresti mettere in discussione le tue fonti di spesa, per quanto riguarda il tuo beneficio personale. In seguito, ha sempre senso ottenere offerte da diversi fornitori e alla fine, confrontarle. Se necessario, ha senso chiedere sconti ai rispettivi contatti e possibilmente, annullare sempre i rispettivi contratti a tempo debito. In questo modo, riceverai spesso dei bonus o simili, che alla fine si noteranno nel tuo portafoglio. Dovresti confrontare le tue spese e le tue entrate, almeno una volta ogni sei mesi e confrontarle con quelle del passato. A lungo termine, noterai i benefici nel tuo portafoglio e aumenterai ulteriormente il tuo accumulo di ricchezza.

Psicologia e mercato azionario

Il trading sul mercato azionario ha un impatto enorme sulla psiche umana. Gli esperti parlano spesso del fatto che, le persone che partecipano al mercato dei capitali speculativi, devono affrontare la propria psicologia di trading. La scienza, che è ancora molto giovane, sta ricevendo sempre più attenzione nella comunità professionale.
Fondamentalmente, la psicologia del trading si occupa della percezione e dell'elaborazione delle informazioni relative a certi prodotti finanziari. Le origini di questa scienza risalgono agli anni '80. A quel tempo, questa scienza è emersa negli Stati Uniti, dalla combinazione di metodi tradizionali di ricerca scientifica con l'esperienza della psicologia. L'obiettivo era quello di capire le motivazioni dietro le azioni degli investitori in borsa. Non appena si diventa attivi in borsa, si scopre rapidamente quali effetti avrà il mercato dei capitali sulla propria psiche.
In definitiva, è di fondamentale importanza per gli investitori avere sotto controllo la propria psicologia di trading e non prendere decisioni serie, per agire in base a stati d'animo sconsiderati. Questo è un fattore importante, che determina il successo e il fallimento. Il compito di noi investitori è quello di conoscere noi stessi, i nostri schemi di pensiero o i nostri processi psicologici. Tuttavia, questo non è affatto sufficiente, perché dobbiamo porci l'obiettivo di non prendere decisioni soggettive nelle nostre attività in borsa, ma di essere costantemente consapevoli delle nostre emozioni e dei rischi che ne possono derivare. In passato, la ricerca finanziaria ha spesso dimostrato, che alcuni investitori prendono le loro decisioni d'investimento sulla base di un comportamento inconscio e di emozioni, prendendo o trascurando così rischi elevati. Nel processo, le nostre decisioni irrazionali creano problemi a lungo termine, che in quel momento ignoriamo. Noi esseri umani siamo suscettibili di prendere decisioni basate sull'avidità, la rabbia o la paura, così da commettere gravi errori nelle nostre azioni sul mercato dei titoli.

Soprattutto i nuovi arrivati nel mercato azionario, sono spesso spinti dal desiderio di fare soldi velocemente, costoro sono convinti che la loro elevata disponibilità a correre rischi, porterà automaticamente ad alti profitti e che la ricchezza sia la ricompensa per il rischio assunto. Questo porta rapidamente a distorsioni cognitive, cioè a errori percettivi o non orientati alla realtà del mercato azionario. Per esempio, dopo che gli investimenti sono andati bene e gli alti rischi hanno dato i loro frutti, alcuni investitori presumono che ora capiscono il mercato e hanno, per così dire, un controllo indipendente sul successo della loro accumulazione di ricchezza. Finora, i calcoli non hanno mai funzionato in questo modo, per nessuna persona e le perdite elevate erano quasi sempre imminenti. La conseguenza delle perdite è poi spesso la perdita del proprio senso di sicurezza e un aumento del rischio. Questo ciclo dovrebbe fondamentalmente essere prevenuto e limitato, con le misure di riduzione del rischio a te note. Per avere successo a lungo termine, i trader di borsa devono avere una mentalità stabile e resistente alle crisi. Controlla te stesso e le tue attività d'azione, mantenendo i limiti di rischio che hai stabilito all'inizio del tuo profilo di rischio auto creato e non buttare mai a mare le tue convinzioni di base. Per mantenere il sangue freddo anche in tempi di crisi, renditi conto che ad un certo punto, nel mercato azionario dovrai imparare ad accettare le perdite subite. Cerca di conoscere i tuoi modelli di reazione alle tue emozioni ed eventualmente, tenere un diario potrebbe essere utile per valutare il tuo comportamento. Documenta le tue attività di azione e annota il tuo benessere emotivo. Se questo è nella colonna dispari, allora dovrai cambiare qualcosa. Fondamentalmente, può essere importante per te essere in grado di riconoscere anche il tuo livello di stress. Imparando i metodi di riduzione dello stress, puoi fare qualcosa di buono per te stesso e per la tua psiche. Ci sono alcuni modi per farlo, che sono già fatti dai commercianti di borsa esperti per motivi preventivi, per non essere sconvolti dalle loro strategie di base in tempi incerti o non stabilizzati in borsa.

Un modo in cui i trader esperti possono controllare sé stessi, ma soprattutto le loro emozioni, è il training di rilassamento autogeno dello psichiatra e psicoterapeuta professor Johannes Heinrich Schultz. Ha creato la procedura strutturata didatticamente per "l'auto-rilassamento concentrativo", che è divisa nelle seguenti tre parti di esercizio e allenamento. In primo luogo, ci sono i sei esercizi di livello inferiore, che sono conosciuti come esercizi psicologici e fisiologici standard. Poi vengono gli esercizi di livello superiore, che sono conosciuti come esercizi meditativi e infine, gli esercizi speciali. Un vantaggio degli esercizi di rilassamento autogeno è che puoi fare gli esercizi senza un'altra persona o altri aiuti.

1. La prima cosa è regolare le gambe. Per fare questo, siediti normalmente su una sedia. Poi metti le gambe alla larghezza delle spalle davanti a te, con le piante dei piedi piatte sul pavimento e le cosce ad angolo retto.

2. Concentrati sulle tue braccia e sulla postura generale. Raddrizza la schiena e poi piega il busto leggermente in avanti. Le tue braccia devono pendere rilassate ai tuoi fianchi, ora inizia un leggero movimento a pendolo con la parte superiore del corpo in avanti e indietro.

3. Ora si arriva al cosiddetto affondamento insieme, che segue il movimento a pendolo completato della parte superiore del corpo. La parte superiore del corpo dovrebbe ora piegarsi leggermente in avanti e gli occhi sono chiusi.

4. Con gli occhi chiusi, cerca di trovare il tuo punto di riposo. I tuoi occhi rimangono chiusi e le tue braccia pendono rilassate accanto al tuo corpo. Ora ricomincia i leggeri movimenti del pendolo, mirando a trovare il tuo punto di riposo nel centro del tuo corpo. Quando l'hai trovato, rimani in questa posizione e concentrati sul tuo respiro. Inspira dal naso ed espira dalla bocca. Decidi tu stesso per quanto tempo vuoi rimanere in ogni posizione. Trova il tuo punto di riposo e il tuo centro del corpo, prenditi il tempo per respirare davvero con calma.

Il training autogeno ti fornisce un metodo per ritrovare temporaneamente la lucidità dei pensieri nelle fasi turbolente del mercato. Allo stesso tempo, la formazione serve all'igiene mentale generale e alla profilassi, per mantenere questo in un quadro positivo.
In generale, noi umani abbiamo il bisogno di avere sempre tutto sotto controllo. Questa spinta interiore ci viene a volte sottratta sul mercato azionario, dando luogo a modelli di comportamento e di pensiero dannosi, che ci portano a prendere decisioni di mercato avventate. È utile che tu ti istruisca costantemente, sviluppando la tua conoscenza del mercato finanziario per conto tuo e non lasciarlo esclusivamente a un amico o a un esperto. Acquisendo la tua esperienza e conoscenza, sarai in grado di classificare meglio i tuoi sentimenti in caso di perdita di controllo e infine, mantenere il sangue freddo anche nelle fasi turbolente del mercato.
In generale, bisogna imparare in borsa, che alla fine non si ha alcun controllo sui processi e sugli sviluppi esatti dei prezzi e chi crede di aver capito il mercato o di poter dare previsioni dettagliate sugli sviluppi esatti, prima o poi fallirà. Ecco perché la diversificazione di base è così importante e ti darà il necessario senso di sicurezza, in modo che a lungo termine imparerai a controllare le tue emozioni e a gestire le fluttuazioni sulla base di un profilo di rischio aggiustato.

Nozioni di base che non bisogna ignorare

In borsa è di grande importanza che tu stabilisca le tue regole di base, che non devi eludere o cambiare in nessun caso nel trading quotidiano. Sviluppa il tuo sistema di trading con le tue regole, che ti forniscono le strutture di base necessarie per le tue attività in borsa. In definitiva, solo tu puoi determinarli per te stesso, tenendo un registro scritto del tuo piano di trading, ti verrà ricordato nelle fasi frenetiche del mercato a quali regole volevi attenerti. Inoltre, se metti in discussione le tue regole di trading in un secondo momento, sarai in grado di controllarle più facilmente e di annotare qualsiasi cambiamento con le relative ragioni, in modo da poter continuare a fare progressi qualitativi a lungo termine.

Inoltre, la borsa non riguarda solo il rafforzamento delle tue conoscenze e competenze personali in materia di finanza, ma anche, in misura relativamente grande, lo sviluppo generale della tua personalità. Per il tuo successo in borsa, è importante che tu riconosca te stesso, le tue convinzioni e reazioni emotive e che tu possa controllare i tuoi schemi di pensiero. Altrimenti sarai molto rapidamente suscettibile di decisioni avventate e irrazionali. Questo deve essere evitato e le proprie distorsioni nella percezione non devono essere semplicemente messe da parte, ma riconosciute e elaborate.

Sul mercato azionario, una volta che hai elaborato il tuo piano di trading, devi sempre avere una certa adattabilità. Tuttavia, non bisogna mai dimenticare che nel mercato dei titoli si viene, di solito, premiati per la continuità e la capacità di resistenza. È importante sviluppare un certo grado di adattabilità, in modo da non continuare a risparmiare per investimenti che cambiano in peggio nel tempo, ma se il futuro dell'investimento non è destinato a migliorare, allora si annulla l'investimento e si accettano le perdite fatte. Questo è generalmente importante e noterai come le perdite prenotate influenzeranno le tue emozioni. Mentre una persona pensa di vendere rapidamente l'intero investimento per non cadere ulteriormente in rosso, altre persone comprano altri nuovi investimenti, per compensare le perdite subite assumendo più rischi.

Se si investe in un ETF che segue un settore, per esempio, bisogna sempre mantenere il sangue freddo in caso di perdite. Soprattutto se sei un principiante, attieniti al tuo piano di trading e continua semplicemente a investire. Nella maggior parte dei casi, le forti fluttuazioni negative, nel frattempo, sono compensate dall'effetto della media dei costi e da una fase generale positiva del mercato. Fondamentalmente, però, si dovrebbe pensare agli sviluppi futuri del settore. Se sei convinto che si svilupperà positivamente a lungo termine, i prezzi bassi o poveri possono offrire un buon punto di ingresso, per ottenere eventualmente più azioni per gli stessi soldi.

Il futuro dell'industria finanziaria

Il mondo ha trattenuto il respiro quando la pandemia globale ha colpito all'inizio del 2020. Molte persone hanno perso la vita, i loro mezzi di sostentamento, il lavoro e molto altro è cambiato notevolmente. Le conseguenze a lungo termine, tuttavia, rimangono inesplorate al momento, ma alcuni pensieri sociali probabilmente cambieranno. Alcune persone hanno sviluppato un maggior bisogno di sicurezza e soprattutto, di sicurezza finanziaria. Di conseguenza, c'è un aumento degli investitori sui mercati azionari e le generazioni più giovani, in particolare, stanno prendendo a cuore il proprio accumulo di beni in una fase relativamente precoce, al fine di avere un'esistenza sicura e una fine spensierata della loro vita nella vecchiaia. Questo richiede lungimiranza e un atteggiamento intelligente verso il tema delle finanze.

La pandemia ebbe un forte impatto sul mercato azionario e i prezzi crollarono rapidamente. Questo ha fornito agli investitori coraggiosi, possibilità di ingresso molto basse e buone opportunità di investire il proprio denaro con profitto. Sui mercati dei capitali si sta svolgendo un periodo folle. Mentre l'economia generale sta andando molto male in molti settori e alcune aziende dovranno probabilmente dichiarare l'insolvenza, gli investitori in molti luoghi, stanno approfittando dei nuovi massimi raggiunti dal DAX30 e da molti altri titoli in borsa.

Corona ha anche creato dei veri vincitori nella crisi, che hanno ottenuto una nuova crescita di clienti grazie al business perso da altri. Le cifre delle vendite su piattaforme come Amazon, Apple e altre sono salite alle stelle durante la pandemia. A lungo termine, le grandi aziende probabilmente supereranno quelle più piccole e alla fine, il motto "sopravvivenza del più forte" sarà applicato come mai prima. Nuovi effetti stanno emergendo intorno alle posizioni di monopolio di aziende come Amazon, che a causa delle loro dimensioni fondamentali, probabilmente continueranno a rivendicare il mercato per se stessi e alla fine, spingeranno le aziende più piccole fuori dal mercato attraverso migliori condizioni e reti.

Il mercato azionario negozia il futuro e ci saranno alcuni settori interessanti, che manterranno il loro posto nella società a lungo termine e nei quali ci saranno probabilmente, buone opportunità di acquisto dal punto di vista dell'investitore. Il primo settore che esamineremo più da vicino è quello della salute. Nel complesso, questo settore ha un futuro roseo. La gente è sempre più interessata a questo argomento e il cambiamento sociale verso la promozione della propria salute è sempre più evidente. L'industria è in piena espansione, questo non si riferisce più solo ai produttori di vaccini e simili. L'industria farmaceutica trae profitto dall'interesse della gente per la salute e da un livello di benessere generalmente elevato. Grazie all'espansione delle conoscenze delle persone sulla loro salute, la nutrizione e simili, l'aspettativa di vita sta aumentando e l'interesse e lo sviluppo scientifico nel settore, sarà probabilmente in grado di mantenere il suo posto nella società e anche nel mercato azionario a lungo termine.

Un altro settore che probabilmente sarà con noi a lungo termine è quello delle energie rinnovabili. La pandemia ha fatto passare in secondo piano un'altra crisi globale, ovvero il cambiamento climatico, che avanza a un ritmo così rapido che l'umanità sta affrontando un rischio sempre maggiore, che ormai non possiamo più controllare. I politici stanno già cercando di introdurre misure per contrastare lo sviluppo negativo, ma le precauzioni prese finora sono lungi dall'essere sufficienti; infatti, la velocità dello sviluppo negativo non è stata ridotta adeguatamente per un lungo periodo. Tuttavia, sempre più aziende riconoscono l'interesse fondamentale delle persone e si impegnano nello sviluppo scientifico e tecnologico delle energie rinnovabili, con approcci più rispettosi dell'ambiente. L'industria automobilistica e quella del software continuano a prendere velocità verso la mobilità elettrica. Attraverso persone come Elon Musk e le sue aziende, l'industria viene spinta in avanti rapidamente e attraverso le possibilità sempre più avanzate, il mercato probabilmente alla lunga, dovrà cedere agli interessi della gente e cambiare qualcosa in generale.

Un'altra industria, che potrebbe potenzialmente rivelarsi gratificante a lungo termine, sarebbe quella dell'intelligenza artificiale. Perché i progressi tecnologici del nostro tempo stanno progredendo in modo massiccio. Sempre più lavoro viene automatizzato dai robot, il che da un lato fa risparmiare costi ed evita gli errori umani a lungo termine, ma dall'altro significa anche che si perdono posti di lavoro. Fondamentalmente però, il settore è in ripresa e continuerà a progredire in futuro. Il settore è un simbolo per gli ulteriori sviluppi di molte aziende e probabilmente continuerà a crescere a lungo termine.

In definitiva, devi decidere dove andranno gli sviluppi dei mercati finanziari. Tuttavia, siamo attualmente in una fase di mercato interessante, con molti grandi potenziali e rischi sul mercato azionario. Per questo motivo, sono proprio gli investimenti che sono ampiamente diversificati e quindi, generano rischi gestibili con rendimenti interessanti che pagheranno. Non lasciarti intimidire da ciò che sta accadendo sui mercati, ma sviluppati sempre con loro, così sarai sicuramente ricompensato per la tua capacità di rimanere sul mercato azionario.

Conclusione: costruisci la tua ricchezza con gli ETF!

Siamo arrivati alla fine di questa guida, ma per te questo significa che è solo l'inizio. Il viaggio verso la costruzione del proprio patrimonio e il mercato azionario. Per questo, è essenziale che tu abbia in generale un approccio consapevole ai tuoi beni. Fondamentalmente, la sicurezza finanziaria è più importante che mai, soprattutto in tempi di incertezza a causa della pandemia di Corona.

Purtroppo, il mercato azionario sembra ancora troppo rischioso e incerto per molte persone, ma è anche possibile qui avere generalmente un rischio giustificabile di perdita attraverso vari metodi, che hai sperimentato nel tema del rischio. Particolarmente degna di nota è la diversificazione, che nei tempi passati era di solito effettuata solo da coloro che avevano già una grande fortuna.

Ma c'è una soluzione intelligente e soprattutto, molto economica per ottenere questo risultato: gli ETF!

Mappando un'industria o un settore, per esempio, è possibile anche per coloro che hanno un capitale molto piccolo. Per noi investitori privati è possibile diventare attivi in borsa a partire da un solo euro. Questo significa che non ci sono scuse per rimandare l'accesso ai mercati dei capitali e prima si diventa attivi, meglio è. Perché la regola generale è che si riduce il possibile rischio di perdita, per ogni singolo anno di investimento.

Quelli che hanno forza di resistenza saranno premiati; difatti, sul mercato azionario anche quelli con un piccolo borsellino possono trarre profitto a lungo termine, attraverso effetti come l'interesse composto. Inoltre, la possibilità di costruire un patrimonio attraverso un piano di risparmio significa che si può investire con poco sforzo. In generale, il percorso verso il mercato azionario ha senso soprattutto per un orizzonte di investimento a lungo termine e in particolare, per coloro che hanno intenzione di investire il loro patrimonio su dieci anni, i rischi sono davvero gestibili.

La bellezza di costruire ricchezza e fare trading sul mercato azionario attraverso gli ETF, è che non è necessario comprendere completamente la materia, a volte molto complessa del mondo finanziario. Qui hai imparato le basi e queste sono sufficienti per iniziare. Inoltre, specialmente quando si risparmia con un piano di risparmio in un ETF, c'è un rischio veramente gestibile all'inizio, grazie all'effetto medio dei costi in combinazione con una diversificazione per lo più sufficiente. Questo non vuole assolutamente portarti nella direzione che la conoscenza della finanza e dell'accumulo di ricchezza non sia importante - al contrario. Non è possibile agire senza conoscenza entro una certa profondità. Tuttavia, la costruzione di queste conoscenze richiede molto tempo e se inizi a costruire la tua ricchezza in ragionevoli rate di risparmio, avrai raggiunto la cosa più difficile per il momento - l'inizio. Perché nel mercato azionario, tutti gli inizi non sono così difficili come si potrebbe pensare.

Un altro importante vantaggio è che abbiamo un accesso molto facile alla borsa nel quadro della digitalizzazione. La creazione del nostro conto titoli funziona senza problemi e in pochi minuti le formalità di base sono di solito completate. Inoltre, è possibile per noi ottenere informazioni e competenze dal nostro divano. Questo perché alcuni esperti rivelano le loro conoscenze nei social media, sui loro rispettivi canali e condividono le loro conoscenze. Allo stesso tempo, l'accesso alle informazioni è per lo più gratuito e quindi, particolarmente adatto alle persone con poco capitale. Così, si possono già trovare informazioni preziose con un rapido clic su internet. Tuttavia, in nessun caso dovresti farvi coinvolgere da pubblicità dubbie o altre promesse. Concentrati sull'acquisizione delle conoscenze di base. Prima o poi, però, ti troverai involontariamente di fronte a siti internet dubbi, che ti verranno suggeriti e nei quali non dovresti entrare per nessun motivo. Non divulgare i tuoi dati privati e nemmeno i dati di accesso da nessuna parte.

Purtroppo, nei media ci si confronta sempre di più con il fatto che probabilmente, ci saranno ulteriori riduzioni delle pensioni nelle generazioni seguenti e purtroppo, c'è qualcosa di vero in questo, ma non nella ricchezza veloce promessa dai truffatori su internet. Questo perché le pensioni in si basano su un cosiddetto sistema a ripartizione. Ciò significa, che i rispettivi pagamenti delle pensioni risultano dalla compensazione dell'imposta sui salari pagata dai dipendenti e dai datori di lavoro. Questo dipende dall'ammontare dei salari delle persone. Così, si potrebbe erroneamente pensare che la pensione si sviluppi insieme all'ammontare del salario, ma questo non è il caso uno-a-uno. Anche se la pensione aumenta insieme a un salario crescente, gli altri contributi fiscali più alti "perdono" i contributi del datore di lavoro, che si potrebbero versare nella pensione. Questo è descritto in politica come il fattore di sostenibilità, che alla fine aumenta la pensione, ma non nella stessa misura degli aumenti salariali.

Fondamentalmente, l'aspettativa di vita delle persone continua ad aumentare e la società sta invecchiando. Di conseguenza, anche le posizioni di partenza di chi paga e di chi riceve le pensioni si spostano. La mancanza di entrate per i fondi pensione o i costi più elevati per loro, devono essere compensati dal crescente pagamento di contributi fiscali da parte delle persone con salari più alti.

Ma ci sono alcune ulteriori disposizioni nella politica, per garantire che le persone che pagano nei fondi pensione oggi, ricevano effettivamente le pensioni. Pertanto, c'è una garanzia per le persone che riceveranno il 48% del loro reddito medio come pensione, se hanno versato nella pensione per almeno 45 anni. Un tempo piuttosto lungo, che può essere giustificato sulla base della crescente aspettativa di vita delle persone.

Secondo l'Agenzia Federale per l'Educazione Civica, le generazioni che attualmente hanno tra i 40 e i 50 anni saranno in seguito significativamente più vecchie che in passato. Così, gli uomini hanno un'aspettativa di vita media di 84 anni e le donne di 89 anni in futuro. È interessante notare, che già oggi più del 20% della popolazione dell'Europa occidentale ha più di 65 anni e la loro quota continuerà a crescere in futuro. In generale, una pensione media per i dipendenti, che hanno versato più di 45 anni di contributi nei fondi pensione, è di circa 1500 euro al mese. Tuttavia, solo pochissime persone hanno effettivamente completato tutti gli anni di contributi e così le pensioni in Occidente sono solo 850 euro e in Oriente solo 1075 euro in media al mese. Questo perché le donne in Occidente, per esempio, hanno pagato solo per 28 anni e gli uomini per 40 anni. Se diamo un'occhiata all'Est, le cifre sono un po' migliori, perché lì gli uomini hanno effettivamente 45 anni e le donne 41 anni di contributi. Tuttavia, la copertura della polizza di oggi si riferisce a quando le persone hanno versato nei fondi pensione, con un lavoro a tempo pieno e gli anni qui menzionati si riferiscono ai versamenti generali, ma non solo ai lavori a tempo pieno.

Niente di tutto ciò vuole spaventarti o prevedere un futuro incerto, ma piuttosto illustrare l'importanza di costruire un patrimonio in una fase iniziale. Perché la questione della povertà degli anziani e di una pensione di base generalmente insufficiente sarà ancora di grande importanza in futuro. A lungo termine diventerà chiaro, che non sarà più possibile per alcune persone negli agglomerati urbani mantenere la loro residenza principale. Questo perché il costo della vita in città come Monaco, Parigi, Roma e simili sta aumentando così rapidamente, che alcune persone non sono già più in grado di permettersi i loro appartamenti in affitto di vecchia data, per questo devono trasferirsi in quartieri più economici. In generale, questo porterà probabilmente al malcontento tra la gente ed è importante tenere questo sotto controllo politico, prevenendo un collasso del sistema.

Inoltre, più del 15 per cento della popolazione è attualmente al di sotto della soglia di povertà in termini di stipendio. Coloro che hanno meno del 60 per cento del reddito medio, rientrano nella soglia di povertà. Si tratta di 1300 euro netti per una famiglia singola e poco meno di 2000 euro netti per le coppie al mese. Tuttavia, vorrei darti una speranza qui, perché hai già imparato che anche con 25 euro al mese in un periodo di 25 anni, puoi costruire quasi 19.000 euro di patrimonio alla fine, con un rendimento annuo del 7 per cento.

Questo dovrebbe incoraggiarti e dimostrare che al giorno d'oggi è possibile guadagnare sul mercato azionario a lungo termine, anche con piccoli beni. Inoltre, grazie alla loro semplicità, gli ETF offrono la possibilità di guadagnare in modo passivo, diversificato e con uno sforzo veramente basso nel lungo termine. Se una famiglia investe denaro nei propri figli, su base mensile e lascia che ciò avvenga dalla nascita in poi, il superamento della società delle proprietà ancora esistente può funzionare. Non lasciarti mai abbattere, cambia la tua attuale situazione di vita e inizia il tuo cammino verso la sicurezza finanziaria attraverso l'ETF sul mercato azionario.

Non vedere il tuo cammino verso la realizzazione dei tuoi bisogni o desideri come una maratona, che vuoi assolutamente finire per primo a causa delle tue conoscenze. L'aspirazione di un principiante deve essere molto più di iniziare a correre, di percorrere il cammino molto lentamente, piuttosto che non iniziarlo mai. Un gran numero di persone, tuttavia, rimanda sempre l'inizio e alla fine non inizia mai. Se non sei una di queste persone, fattene una ragione e inizia a correre. Potrai beneficiare rapidamente di altri effetti e possibilmente, incontrare altri partecipanti lungo la strada. Con loro puoi scambiare idee e possibilmente, ottenere uno o due consigli utili, in modo che sia possibile per te aumentare il ritmo verso i tuoi obiettivi. Educare sé stessi per diventare esperti e fare i propri progressi. Probabilmente non si tratta di inventare una nuova ruota, ma di adottare un approccio più rilassato al percorso, incorporando le esperienze degli altri. Se si cade, ci si rialza e si continua. Quindi, prima o poi, i tuoi prezzi delle azioni possono cadere, ma a lungo andare saliranno di nuovo. Come un ceppo, ti rallenterà nel tuo cammino, ma dopo un po' non ti fermerà più. Ora, datti una mossa e mettiti sulla strada per soddisfare le vostre esigenze. Ricordati di fare un lungo respiro e se necessario fai una pausa, ma poi continua. Con le opportunità disponibili oggi, a differenza dei tempi passati, chiunque può fare il suo percorso personale nei mercati dei capitali. Impara dal passato e continua a istruirti.

Come ha detto Warren Buffet, uno degli agenti di cambio più famosi nella storia dei mercati: "Non bisogna essere uno scienziato missilistico. Investire in azioni non è un gioco, in cui quello con un QI di 160 batte quello con un QI di 130". Inizia, perché la maggior parte delle

www.ingramcontent.com/pod-product-compliance
Lightning Source LLC
LaVergne TN
LVHW081525060526
838200LV00044B/1999